MÉMOIRE

DES DÉLÉGUÉS DE L'ILE BOURBON

CONTRE

M. le Ministre secrétaire d'état au département
de la marine et des colonies.

PARIS,

IMPRIMERIE DE GUIRAUDET ET JOUAUST,
RUE SAINT-HONORÉ, 315.

1847

MÉMOIRE

DES DÉLÉGUÉS DE L'ILE BOURBON

CONTRE

M. le Ministre secrétaire d'état au département
de la marine et des colonies.

PARIS,

IMPRIMERIE DE GUIRAUDET ET JOUAUST,
RUE SAINT-HONORÉ, 315.

1847

MÉMOIRE
DES DÉLÉGUÉS DE L'ILE BOURBON

CONTRE

M. le Ministre secrétaire d'état au département de la marine et des colonies.

FAITS.

La loi du 24 avril 1833, qui institue la délégation des colonies, dispose, art. 19 :

« Le Conseil colonial nomme les délégués dans la première session, et fixe leur traitement. »

En vertu de ce texte, le 3 septembre 1841, le Conseil colonial de l'île Bourbon nomma délégués de la colonie près le gouvernement du roi MM. l'amiral Baudin et Dejean de La Bâtie, et fixa le traitement de chacun d'eux à 35,000 fr. par an.

Le Conseil ayant été dissous et reconstitué, la nouvelle législature coloniale fit une nouvelle élection de délégués le 25 mai 1842 : elle renomma MM. l'amiral Baudin et Dejean de La Bâtie, et fixa de nouveau leur traitement à 35,000 fr.

Aucuns frais de bureau ne furent compris dans cette fixation. Le budget de 1841 portait une allocation, pour cet objet, de 5,000 fr. pour les deux délégués.

M. Dejean de La Bâtie, entré en fonctions le 6 mars 1842, jouit, à partir de ce jour, du traitement voté par le Conseil, mais il ne reçut pas les frais de bureau alloués à ses prédécesseurs. L'élévation du traitement fit supposer que l'intention du Conseil avait été d'y comprendre les frais de bureau et de secrétariat, et il ne put faire ordonnancer à son profit la somme portée au budget de 1841 pour frais de bureau.

La supposition du ministre ne se trouva pas justifiée par le budget de 1842; ce budget, parvenu au ministre en juillet 1842, portait, comme celui de 1841, l'allocation de 5,000 fr. de frais de bureau au profit des deux nouveaux délégués.

M. Dejean de La Bâtie reçut alors ses frais de bureau sur le pied de 2,500 fr. par an, avec rappel depuis le 6 mars.

Lorsque M. l'amiral Baudin entra en fonctions, le 1er décembre 1842, la question des frais de bureau était vidée : il put les cumuler, à partir de ce jour, avec son traitement, comme M. Dejean de La Bâtie.

Les frais de bureau, ayant été jugés insuffisants par le Conseil, furent portés à 10,000 fr. pour les deux délégués en 1843; et, lorsque ce vote fut connu, les délégués reçurent ce supplément, avec rappel depuis le 1er janvier 1843. Depuis lors, les frais de bureau n'éprouvèrent aucune variation; mais le Conseil porta au budget des allocations pour frais de défense des intérêts coloniaux par la presse, et pour abonnements aux journaux; ces sommes, peu importantes, furent payées, sur factures acquittées par les ayant-droits, jusqu'à concurrence du montant de ces factures.

Tel était l'état des choses, lorsque le président du conseil des délégués reçut une lettre du ministre, en date du 6 août 1845.

Nous transcrivons ici cette lettre :

« Monsieur le Président,

» Depuis que je suis à la tête du département de la marine, l'usage » que MM. les délégués ont fait des fonds mis à leur disposition par les » budgets coloniaux n'a pas cessé de soulever à mes yeux des objec-

» tions capitales contre le maintien de ces allocations. J'ai cru devoir
» cependant attendre, pour mettre un terme à cette situation, que les
» chambres eussent voté la loi sur le régime des esclaves. Cette loi sou-
» levait des questions si graves et provoquait de la part des Conseils
» coloniaux une résistance si caractérisée, que le gouvernement n'a
» pas voulu qu'on pût l'accuser de choisir de semblables circonstances
» pour priver ces assemblées et leurs représentants de tous les moyens
» qu'ils croyaient devoir employer pour agir sur l'opinion publique.
» C'est cette considération qui m'a déterminé à engager ma responsa-
» bilité personnelle, en donnant, sauf de rares exceptions, mon appro-
» bation aux mémoires qui m'ont été présentés en 1844 et 1845, à l'ef-
» fet de régler des dépenses de presse faites en France par MM. les dé-
» légués. »

» Le moment est donc arrivé de vous faire connaître les détermina-
» tions auxquelles le gouvernement s'est arrêté.

» Les Conseils coloniaux seront informés par MM. les gouverneurs
» que le gouvernement est dans l'intention de refuser, à l'avenir, son
» assentiment à toute allocation qui serait introduite dans les budgets du
» service intérieur, à l'effet de subvenir à des dépenses à faire en France
» par les soins de MM. les délégués.

» J'admets que, pour le service du Conseil colonial, ou pour quelque
» question particulière soulevée inopinément et au sujet de laquelle il
» importe de fournir, soit au gouvernement, soit aux chambres, des élé-
» ments de solution, j'admets, dis-je, qu'il puisse être nécessaire d'ou-
» vrir des crédits de cette nature ; mais ces allocations ne doivent avoir
» qu'un caractère accidentel, et, au lieu de figurer au budget comme
» dépense permanente, elles doivent être l'objet d'un décret spécial, de
» manière que le roi puisse leur accorder ou leur refuser sa sanction
» sans que le budget lui-même soit en question. La présentation de ce
» décret sera demandée au gouverneur, dans la forme prévue par l'arti-
» cle 10 de la loi du 24 avril 1833 ; et si le gouverneur se détermine à
» saisir le Conseil colonial d'un acte de cette nature, ce sera sous la
» condition formelle, non seulement que l'art. 10 de la loi du 3 août

» 1839 sera exécuté, mais qu'aucune partie des fonds alloués ne pourra
» être employée à accorder à des journaux des subventions sous forme
» d'abonnements. Il sera entendu, de plus, que, si des dépenses ont
» lieu pour publications, ma décision quant au paiement sera tou-
» jours réservée.

» Pour les budgets de 1846, qui, sans doute, sont actuellement vo-
» tés dans toutes nos colonies, le gouvernement est déterminé à appli-
» quer les mêmes principes et à faire la même distinction. En consé-
» quence, les allocations qui y figureront au même titre ne pourront
» être employées, en matière de presse, qu'à des publications émanées
» de MM. les délégués eux-mêmes, et sous réserve de la décision du
» ministre quant au paiement. Toutes dépenses pour abonnement aux
» journaux devront absolument cesser.

» Je ne perds pas de vue que, dans une de nos colonies, le Conseil
» colonial a élevé considérablement depuis quelques années le traite-
» ment et les frais de bureau, aujourd'hui fixés à 40,000 fr. pour cha-
» cun des délégués, afin de les mettre à portée de faire face par eux-
» mêmes, et avec entière latitude, aux dépenses de presse et autres
» que leurs instructions comportaient. Je ne m'arrête pas à faire re-
» marquer qu'en dernier lieu, la même colonie n'en a pas moins recom-
» mencé à comprendre dans son budget, concurremment avec les trai-
» tements ainsi alloués aux délégués, une somme de 10,000 fr. pour
» abonnement de journaux. Je dois vous dire que, dans le cas même
» où cette dernière allocation devrait disparaître, l'intention du gou-
» vernement ne peut pas être de donner son concours à une fixation
» d'émoluments qui tendrait à constituer sous une autre forme l'état de
» choses auquel il croit nécessaire de mettre un terme. Il est vrai que la
» loi de 1833 attribue aux Conseils coloniaux le droit de voter eux-
» mêmes les traitements de leurs délégués et d'en fixer la quotité, mais
» cette attribution ne peut s'entendre dans un sens absolu et illimité ;
» les bornes paraissent en avoir été naturellement posées par l'évalua-
» tion que les Conseils coloniaux eux-mêmes ont primitivement donnée
» aux traitements dont il s'agit, en les fixant de 20 à 25,000 fr. par

» an, y compris les frais de représentation et de secrétariat. Je char-
» gerai donc MM. les gouverneurs de représenter aux Conseils colo-
» niaux, avec tous les égards dus à ces assemblées, que ces fixations
» *auront à l'avenir pour maximum le taux de 25,000 fr., y compris les*
» *frais de bureau*, afin de ne pas perpétuer, par l'allocation indirecte
» de dépenses secrètes, la principale cause qui, depuis plusieurs an-
» nées, s'oppose à ce que les budgets coloniaux soient revêtus de la
» sanction royale.

» Dans les colonies où les traitements actuellement alloués ne dépas-
», sent pas les limites que je viens d'indiquer, le chiffre pourra conti-
» nuer à être porté au budget sans un nouveau vote. Ce sera égale-
» ment par le budget qu'il y aura lieu de ramener au taux indiqué les
» traitements qui le dépassent aujourd'hui ; mais aucun changement ne
» devra être fait, à l'avenir, à cette nature de dépense, dans aucune
» de nos colonies, qu'au moyen d'un décret indépendant du budget.

» Recevez, Monsieur, etc. »

M. le baron Dupin, président du conseil des délégués, fit à cette lettre la réponse suivante :

Paris, le 12 août 1845.

« Monsieur le Ministre,

» Vous nous informez que le gouvernement refusera pour l'avenir
» toute allocation introduite dans les budgets du service intérieur des
» colonies pour les dépenses à faire en France par les soins de MM. les
» délégués.

» Vous admettez seulement qu'on puisse ouvrir un crédit de cette
» nature lorsqu'il se présentera quelque question particulière, *soulevée*
» *inopinément*, et au sujet de laquelle il importe de fournir, soit au gou-
» vernement, soit aux chambres, des éléments de solution.

» Dans ce cas même, ce n'est pas sur un fonds permanent ni sur un

» fonds de prévoyance assigné par voie de budget colonial, c'est par
» voie de décret spécial que le crédit vous paraît devoir être voté : sous
» une autre forme vous ne l'admettriez pas.

» Nous laissons aux conseils coloniaux toute discussion sur le fond
» même du sujet.

» A l'égard du cas exceptionnel, que vous limitez vous-même, per-
» mettez-nous de vous faire observer que vous l'admettez avec des
» conditions impossibles.

» Au sujet d'une question soulevée inopinément, vous permettrez
» des dépenses de presse qui, pour répondre à un besoin inopiné, ur-
» gent, exigeront des impressions immédiates ; mais vous ajoutez aus-
« sitôt : « Je ne permettrai ces dépenses que d'après des allocations ac-
» cordées par un décret spécial. »

» Par conséquent, lorsqu'à l'approche ou dans le cours d'une session
» il surgira tout à coup une question d'intérêt vital pour les colonies, il
» ne faudra pas à l'instant même publier pour le gouvernement, pour
» les chambres et pour l'opinion publique, ce qui tend à dévoiler la
» vérité méconnue, les faits ignorés, les préjugés pris pour des certi-
» tudes.

» Il faudra qu'on écrive à nos quatre colonies pour obtenir une allo-
» cation particulière par voie de décret spécial.

» Mais l'initiative des décrets n'appartient qu'aux gouverneurs.

» Il faudra donc que de Paris le ministère écrive à MM. les gouver-
» neurs : *Attendu qu'il se présente inopinément une question d'urgence*
» *capitale dans l'intérêt des colonies, proposez un décret colonial, j'en*
» *attendrai la présentation, la discussion et le vote ; vous me l'enverrez*
» *ensuite ; je l'adresserai plus tard au conseil d'état, pour qu'il donne,*
» *suivant l'usage invariable, son avis préalable ; enfin, s'il y a lieu, je*
» *proposerai au roi l'acceptation des décrets patiemment attendus. Enfin,*
» *quand cette longue série d'opérations sera terminée, je ferai savoir à*
» *MM. les délégués qu'ils peuvent faire faire la dépense de recherches,*
» *de calculs, de composition et d'impression, qu'exigera la question ur-*
» *gente qui s'était présentée inopinément devant les chambres et le*

» *gouvernement avant tout cet enchaînement de formalités spéciales.*

» Ce simple rapprochement doit suffire pour répandre la lumière sur
» un semblable projet.

» Chaque fois que l'immense question de la concurrence entre le
» sucre de betterave et de canne s'est présentée devant les chambres ,
» s'il avait été besoin de quatre décrets spéciaux pour que les délégués
» des quatre colonies eussent le moyen de faire face aux dépenses de
» recherches et de publications qu'il fallait faire en temps utile, les
» délégués seraient toujours venus trop tard.

» Au contraire, par une action infatigable , ils avaient conduit à ce
» point une question si capitale pour les colonies, la marine et le com-
» merce, qu'ils auraient remporté la victoire, si M. le ministre, aux
» approches des élections, n'avait pas pensé, pour des raisons que nous
» ne prétendons pas juger, qu'il lui convenait d'abandonner la lutte au
» moment du vote décisif.

» Ce qu'il faut rappeler encore, c'est que la question des sucres n'é-
» tait pas abandonnée au libre arbitre, à l'indépendance, et, si nous
» pouvons employer ce mot, à la conscience désintéressée de la
» presse.

» Les propriétaires des sucreries de betterave ont employé des moyens
» pécuniaires puissants pour suffire à toutes leurs publications, périodi-
» ques ou non. Il n'a plus été loisible de publier, même sous forme de
» discussion d'économie politique, aucun article pour défendre l'intérêt
» commun de la marine et des colonies sans qu'il fût rétribué.

» Cette année, le sucre de betterave, qui se prétendait ruiné si l'on
» approchait un peu de l'égalité des droits ; cette année, malgré la sur-
» taxe nouvelle, le sucre de betterave accroît sa production de 7 mil-
» lions de kilogrammes.

» Tout annonce qu'un accroissement au moins égal aura lieu l'année
» prochaine.

» Une crise inévitable naîtra dans un très prochain avenir ; elle sera
» le résultat de l'antagonisme de la production métropolitaine et de la
» production coloniale.

» Cette crise arrivera, comme en 1839, comme en 1841, soudaine
» et ruineuse.

» Faudra-t-il attendre alors quatre décrets coloniaux sollicités d'ici,
» après que nous aurons reçu la nouvelle de la souffrance présente et
» des désastres imminents de nos colonies, pour que six mois après les
» délégués puissent venir au secours des colonies?

» Poser ainsi la question, c'est la résoudre aux yeux de la raison, de
» l'impartialité, de l'équité.

» Nous ne voulons point parler d'autres questions tout autrement dé-
» licates et brûlantes sur l'état social des colonies.

» Des Sociétés anglaises n'ont pas cessé de subventionner une partie
» de la presse française, afin d'entraîner la France à des mesures qui,
» formulées, d'après ces subventions, dans la presse la plus puissante
» et dans des journaux très estimés du gouvernement, étaient la perte
» évidente des colonies.

» Le trésorier de la Société dite *Anti-slavery Society* a fait connaître à
» ses mandataires, au retour d'un voyage en France, la satisfaction
» qu'il éprouvait de ses opérations à Paris; les procès-verbaux en font
» foi.

» Si, par impossible, de nouveaux efforts pour aller au delà de la loi
» de 1845, et reprendre en sous-œuvre la ruine de nos colonies, étaient
» soudoyés par les associations britanniques, les moyens de publication
» et de légitime défense seraient-ils interdits aux mandataires des colo-
» nies parce qu'il n'existerait aucun crédit pour dépenses d'impressions
» et de publications?

» Voilà les questions que nous avons dû naturellement nous faire, et
» que se feront sans doute aussi les Conseils coloniaux.

» Nous n'avons pas ici d'initiative à prendre; notre devoir est d'at-
» tendre les vœux et les votes de ces Conseils, afin d'en poursuivre la
» réalisation et l'acceptation conformément aux termes de la loi orga-
» nique de 1833.

» Nous ne voyons pas comment on pourrait concilier les termes précis
» de cette loi avec vos observations sur le traitement des délégués, qui

» ne concernent heureusement qu'une seule colonie. Nous espérons qu'à
» l'égard de cette colonie les choses s'arrangeront de manière que la loi,
» les intérêts des colonies et les désirs du gouvernement, puissent être
» conciliés.

» Nous avons l'honneur, etc., etc., etc. »

Les délégués de l'île Bourbon s'étaient hâtés d'informer leur Conseil
colonial des dispositions du ministre, et ils lui avaient donné leur opinion
sur les empiétements dont les droits de la législature coloniale étaient
menacés. Ils ne pouvaient prévoir que le ministre n'attendrait même pas
l'effet de ses instructions au gouverneur de la colonie pour effectuer
une réduction que la lettre du 6 août, quelque impérieuse qu'elle fût,
semblait néanmoins attendre du concours du Conseil colonial.

Ils furent donc bien surpris d'apprendre, le 18 février 1846, par la
lettre d'avis qui est chaque mois adressée aux délégués avec l'état de
paiement, que leur traitement était ordonnancé sur le pied de 25,000 f.
par an.

M. Dejean de la Bâtie réclama (1).

Le conseil des délégués protesta (2, page 11).

Lettre de M. Dejean de la Batie.

(1)   *A M. le Ministre de la marine et des colonies.*

Paris, 18 février 1846.

« Monsieur le Ministre,

» L'état de paiement qui m'a été présenté aujourd'hui pour le mois de janvier
1846 porte une réduction de traitement de 10,000 fr. par an sur 35,000 fr., et la
suppression totale des frais de bureau.

» Vous savez, monsieur le Ministre, que le traitement des délégués est fixé par
le Conseil colonial dans sa première session (loi du 24 août 1833), d'où il suit qu'il
est invariable pendant toute la durée légale de leur mission.

» C'est d'après ce principe que nos prédécesseurs ont touché le traitement fixé
pour eux par le Conseil colonial jusqu'au jour où nous les avons remplacés, et qu'en
leur succédant nous avons joui jusqu'à ce jour du traitement plus élevé et des frais
de bureau fixés pour nous.

2

Une explication eut lieu entre M. Dejean de la Bâtie et le ministre, et,

---

» Je viens donc, monsieur le Ministre, prier Votre Excellence de vouloir bien me faire connaître si notre mission a été renouvelée à des conditions nouvelles de traitement, ou si la réduction a eu lieu par votre ordre ; et, dans ce cas, sur quel titre Votre Excellence a cru pouvoir se fonder.

» J'ai l'honneur d'être , avec le plus profond respect, etc.,

» *Signé :* Dejean de La Batie. »

Réponse du Ministre à la lettre de M. de La Bâtie du 18 *février* 1846.

Paris, le 27 février 1846.

« Monsieur,

» Je réponds à la lettre que vous m'avez fait l'honneur de m'écrire le 18 février, au sujet du taux de votre traitement et de celui de votre collègue, M. le vice-amiral Baudin.

» En faisant ordonnancer ces deux traitements sur le pied de 25,000 fr. à partir du 1er janvier 1846, je n'ai fait qu'appliquer la disposition que j'avais notifiée à M. le président du conseil des délégués par ma lettre du 6 août dernier. Cette lettre, dont vous n'avez pu manquer de recevoir communication, informait MM. les délégués de la détermination prise par le gouvernement du roi de faire cesser, à compter de 1846 , sauf les cas exceptionnels et spéciaux qui pourront se présenter, le paiement des fonds mis jusqu'à présent à leur disposition pour dépenses de presse à faire en France. J'ajoutai qu'à l'égard des colonies qui auraient compris ou qui comprendraient à l'avenir dans le traitement de leurs délégués des fonds destinés à effectuer ces dépenses, le gouvernement était déterminé à appliquer la même mesure, en renfermant les allocations dans la limite des traitements proprement dits et des frais de secrétariat jusqu'à concurrence de 25,000 fr.

» Tel est le cas qui s'est présenté pour l'île Bourbon. Jusqu'en 1839, le traitement des délégués de cette colonie avait été de 20,000 fr. pour chacun, y compris les frais de secrétariat. A cette époque (délibération du 26 décembre 1839), le Conseil y ajouta, comme accessoire de la solde, une somme de 35,000 fr., à titre de

cette explication n'ayant amené aucun résultat, les délégués de l'île

fonds mis à la disposition des deux délégués pour frais de secrétariat et pour dépenses de presse, ce qui constituait, pour la délégation, une allocation totale de
75,000 fr.

» C'est cette allocation qui, en 1841 (délibération du 3 septembre), a été renouvelée, lorsque votre traitement et celui de M. le vice-amiral Baudin ont été votés,
à l'occasion de votre commune nomination aux fonctions de délégués, et on y a seulement ajouté plus tard 5,000 fr. de plus pour les frais de secrétariat, d'où je con-
clus que, d'après les votes mêmes du Conseil, ce traitement se décompose ainsi qu'il
suit :

Traitement.	20,000 fr.
Frais de secrétariat	5,000
Dépenses de presse	15,000
Total. . . .	40,000 fr.

» Je n'ai donc fait, je le répète, qu'appliquer la résolution notifiée par ma lettre
du 6 août, en me bornant à ordonnancer, à partir du mois de janvier, le paiement
de votre traitement et de celui de M. le vice-amiral Baudin sur le pied de 25,000 fr.
par an, y compris les frais de sécrétariat.

» En ce qui concerne les motifs et la légalité de cette mesure, je me réfère aux
explications contenues dans la lettre dont il s'agit.

» Recevez, Monsieur, l'assurance de ma considération très distinguée,

» Le vice-amiral, pair de France, ministre secrétaire d'état
de la marine et des colonies,

» *Signé :* Baron DE MACKAU. »

(2)   *Protestation du Conseil des délégués.*

Les délégués des colonies près le gouvernement du roi, réunis en conseil sous la
présidence de M. le baron Charles Dupin :

Vu l'art. 19, § 2, de la loi du 24 avril 1833, ainsi conçu :

Bourbon se pourvurent devant le conseil d'état contre la réduction arbitraire de leur traitement.

C'est ce pourvoi que nous venons appuyer d'un Mémoire.

DISCUSSION PRÉLIMINAIRE SUR LE CARACTÈRE DE LA LETTRE DU 6 AOUT 1845.

Nous ignorons si le ministre a l'intention de faire attribuer à sa lettre du 6 août 1845 le caractère d'une notification emportant déchéance après le délai de trois mois, passé sans pourvoi.

« Le Conseil colonial nommera dans sa première session les délégués de la colo-
» nie et fixera leur traitement. »

Vu la lettre de M. le ministre de la marine, en date du 6 avril 1845, dans laquelle il professe une doctrine contraire au droit absolu des Conseils coloniaux en ce qui concerne la fixation du traitement de leurs délégués, et annonce ses intentions dans les termes suivants : « Je chargerai MM. les gouverneurs de représenter
» aux Conseils coloniaux que ces fixations auront à l'avenir pour maximum le taux
» de 25,000 fr., y compris les frais de bureau. . . . .

. . . .
» Dans les colonies où les traitements actuellement alloués ne dépassent pas les li-
» mites que je viens d'indiquer, le chiffre pourra continuer à être porté au budget
» sans un nouveau vote. Ce sera également par le budget qu'il y aura lieu de rame-
» ner au taux indiqué les traitements qui le dépassent aujourd'hui. »

Vu les états de paiement du mois de janvier 1846, où il est fait pour la première fois application de ces doctrines par la réduction à 25,000 fr. des traitements de MM. le vice-amiral Baudin et Dejean de La Bâtie, délégués de l'île Bourbon, fixés à 35,000 fr. pour chacun par le Conseil colonial de cette île dans la séance du 25 mai 1842 ;

Considérant que l'art. 19 de la loi du 24 avril 1833 est absolu et n'a été modifié par aucune loi subséquente ;

Considérant qu'en vertu de cet article, les délégués, dès que leur traitement a été

Mais nous induisons de sa lettre du 27 février 1846, et nous voyons clairement par le Mémoire de son conseil que, s'il n'a pas l'intention de nous opposer cette fin de non-recevoir, il croit néanmoins en avoir le droit.

Nous nous proposons de démontrer que la lettre ne peut avoir le caractère d'une notification, ni en ce qui concerne les frais de presse, ni en ce qui concerne le traitement des délégués.

I.

En ce qui concerne les frais de presse, la lettre du 6 août donne avis à tous les délégués, dans la personne de leur président, que : *Les conseils coloniaux seront informés par MM. les gouverneurs que le gouvernement est dans l'intention de refuser, à l'avenir, son assentiment à toute allocation qui serait introduite dans les budgets du service intérieur, à*

---

fixé dans la première session du Conseil colonial qui les a élus, ont un droit acquis à ce traitement jusqu'au jour auquel ils sont remplacés ou acceptent un nouveau mandat ;

Considérant que la modification du traitement des délégués par le ministre est un acte contraire aux dispositions précises de la loi ;

Considérant que, si les termes de la lettre du ministre, en réservant aux Conseils coloniaux le débat relatif aux prétentions annoncées par Son Excellence, dispensaient les délégués de toute intervention, il n'en est plus de même dès qu'il est fait application directe aux délégués des doctrines exprimées dans ladite lettre par la suppression d'une partie de leur traitement ;

Tout vu et considéré, le conseil des délégués des colonies proteste contre la réduction du traitement de MM. le vice-amiral Baudin et Dejean de La Bâtie, délégués de l'île Bourbon, comme contraire aux droits acquis, et constituant une violation de l'art. 19 de la loi du 24 avril 1833, et fait aux intéressés toutes réserves de fait et de droit.

Paris, le 28 février 1846.

Signés : Baron Ch. Dupin, Favart, Desmirail, Jollivet et Dejean de La Batie.

l'effet de subvenir à des dépenses à faire, en France, par les soins de MM. les délégués.

Il suffit d'examiner la valeur littérale de cette prétendue notification pour reconnaître qu'elle ne permettait aucun pourvoi aux délégués.

1° Parce que le gouvernement a toujours le droit *de refuser son assentiment à une allocation quelconque introduite dans le budget colonial,* en faisant refuser par les gouverneurs l'exécution provisoire que la loi du 24 avril 1833 a mise dans leurs attributions, ou en faisant refuser la sanction qui est dans les attributions royales.

Les délégués ne pouvaient donc se pourvoir contre l'éventualité d'un acte qui serait parfaitement légal, et il ne leur était pas permis de supposer que le gouvernement sortirait de la légalité.

2° Les délégués ne pouvaient encore, pour une autre raison, se pourvoir contre la notification du ministre : c'est que cette notification ne leur fait connaître que la détermination prise par le ministre d'informer les conseils coloniaux de ses résolutions.

Le moment est arrivé, dit-il, de vous faire connaître les déterminations auxquelles le gouvernement s'est arrêté.

Quelles sont ces déterminations? C'est par leur énoncé que nous allons juger du droit des délégués. Or il ne leur est rien notifié, sinon que *les Conseils coloniaux seront informés.*

Est-ce là un acte contre lequel il fût permis aux délégués de se pourvoir? Sur quoi se seraient-ils fondés? S'il y a notification, elle ne regarde que les Conseils coloniaux, qui auront à voir si, après les informations qu'ils auront reçues de MM. les gouverneurs relativement à l'intention du gouvernement, il leur convient de continuer à introduire dans les budgets du service intérieur des allocations réprouvées par le ministre, sauf à voir ces budgets rejetés et le conseil dissous.

Les délégués n'avaient à intervenir dans ce débat que pour faire au ministre les représentations les plus propres à le faire changer de résolution ; et c'est ce que les délégués ont fait par l'organe de leur président, qui, chargé de répondre au ministre, lui a adressé la lettre du 12 août.

Si nous discutons la lettre ministérielle du 6 août, non plus seulement d'après le sens littéral que nous venons d'analyser, mais dans son esprit même et dans toute sa portée comme acte de haute administration, nous reconnaîtrons également l'impossibilité pour les délégués d'y trouver la matière d'un pourvoi.

On ne peut pas se pourvoir contre les doctrines de l'administration, même lorsqu'on a qualité pour le faire, tant que ces doctrines ne reçoivent pas leur application dans un acte susceptible d'être exposé, apprécié, et duquel il résulte une lésion, un tort, un dommage dont quelqu'un ait intérêt à poursuivre la réparation. Considérons, pour un moment, la prétendue notification de M. le ministre de la marine comme étant adressée directement et exclusivement aux délégués, sans aucune mention des gouverneurs et des Conseils coloniaux : s'en suivrait-il que, menacés d'un acte illégal, ils eussent droit de se pourvoir immédiatement contre cet acte, avant qu'il fût consommé? Evidemment ils n'en auraient pas le droit, ils n'en auraient surtout pas les moyens, puisqu'ils ne sauraient ni sur quel grief intenter l'affaire, ni quelles conclusions prendre.

Le ministre *annonce l'intention de refuser son assentiment à toutes allocations qui seraient introduites dans les budgets du service intérieur pour dépenses à effectuer en France par les soins de MM. les délégués.*

Si le ministre empêche la mise à exécution provisoire de tels budgets ou s'il provoque un refus de sanction, il sera dans son droit ; qui oserait soutenir le contraire? Si, de son autorité privée, il refuse l'exécution d'un article des budgets mis provisoirement à exécution ou sanctionnés, tout en exécutant les autres articles, faisant ainsi, dans un acte de la législature coloniale, un triage illégal, il aura excédé son droit ; cet acte arbitraire pourra être attaqué.

Pour les budgets de 1846, dit la lettre du 6 août, *qui sans doute sont actuellement votés dans toutes nos colonies* (celui de l'île Bourbon n'était pas encore voté cinq mois plus tard), *le gouvernement est déterminé à appliquer les mêmes principes.*

Mais entre les deux partis rigoureux que le ministre pouvait prendre l'un conforme au droit et l'autre illégal, les délégués pouvaient–ils d'avance attribuer au ministre une illégalité, et introduire immédiatement leur pourvoi? Cette précipitation n'eût-elle pas été tout à la fois d'une haute inconvenance et d'une haute sottise ?

Le ministre peut *refuser son assentiment à toutes allocations,* etc., en faisant refuser la sanction royale. Ce moyen est légal.

Pourquoi supposer qu'il préférera commettre une illégalité? Dans tous les cas, pourquoi ne pas attendre qu'elle soit commise?

Et cette illégalité, en la supposant probable, certaine, c'est-à-dire en admettant qu'elle soit manifestement dans l'intention du ministre, aux termes de la lettre du 6 août (ce qui assurément n'est pas), avait-elle, même dans l'avenir, une existence certaine, assez précise pour être saisie et devenir la matière d'un pourvoi?

Que de nuances possibles dans les actes qui pouvaient sortir des dispositions du ministre, relativement aux fonds votés aux budgets pour les dépenses de la délégation? Quelle diversité d'appréciation pouvait résulter de la diversité infinie des circonstances, dans l'application des doctrines notifiées par le ministre? Il pouvait même arriver que les Conseils coloniaux ne votassent aucune allocation pouvant donner lieu à cette application, et alors que devenait le pourvoi prématuré de la délégation ?

Nous sommes fermement convaincus qu'un tel pourvoi n'aurait pas pu être motivé de manière à être reçu par le Conseil d'état.

Mais ce qui fait voir, mieux que tous les raisonnements, la nécessité d'attendre un acte caractérisé pour introduire le pourvoi, ce sont les distinctions assez difficiles à saisir qu'établit la lettre du 6 août. Le ministre admettra certaines dépenses, il en refusera d'autres. Les premières, à la vérité, devront être votées par décret ; mais pour l'exercice 1846, que le ministre suppose déjà voté, il faudra bien se passer du décret : le temps nécessaire pour engager les Conseils coloniaux dans cette voie manquait évidemment au ministre pour cette première année. Il y avait donc lieu de penser que les états de dépenses présentés par les délégués ne seraient pas tous refusés, et par conséquent nécessité d'attendre que les actes ministériels se produisissent, pour les attaquer.

Donc, en ce qui concerne les dépenses de presse, la lettre du ministre du 6 août 1845 ne peut être considérée comme une notification emportant la déchéance après un délai de trois mois passés sans pourvoi.

II.

En est-il autrement en ce qui concerne le traitement des délégués?

Si la lettre du 6 août annonçait positivement que dès le 1er janvier 1846 le traitement des délégués de Bourbon, fixé à 70,000 fr. (35,000 fr. pour chacun) par le Conseil colonial, le 25 mai 1842, serait d'autorité réduit par le ministre à 25,000 fr., dans ce cas même nous disons que les délégués auraient dû attendre, pour se pourvoir, que la menace fût réalisée.

Car la décision du ministre n'engageait pas son auteur, ne pouvait être considérée comme un acte consommé qu'au moment de son application ; mais la lettre exprime seulement l'intention de ramener au maximum de 25,000 fr. les traitements qui excéderaient ce taux.

Comment le ministre entend-il procéder? Ses explications à cet égard sont loin d'être claires.

Après avoir cherché à établir son droit, en interprétant à sa manière l'art. 19 de la loi du 24 avril 1833, il ajoute comme conclusion :

Je chargerai donc MM. les gouverneurs de représenter aux Conseils coloniaux, avec tous les égards dus à ces assemblées, que ces fixations auront à l'avenir pour maximum le taux de 25,000 fr., y compris les frais de bureau.

Le mot de *fixations* fait allusion à l'art. 19 de la loi d'avril, qui dispose : *Le Conseil colonial nommera dans sa première session les délégués de la colonie et* FIXERA *leur traitement.* Mais, comme on ne doit pas plus présumer l'illégalité que la fraude, il faut supposer que, en disant que ces *fixations* auront à l'avenir pour maximum le taux de 25,000 fr., le ministre entend obtenir des Conseils coloniaux qu'ils fixent eux-mêmes à ce maximum le traitement de leurs délégués (1).

---

(1) Pour la complète justification de cette hypothèse, voir le supplément, p. 59.

3

Ceci étant supposé, les délégués n'avaient certes ni intérêt ni qualité pour se pourvoir contre la décision du ministre; ils devaient attendre en silence le résultat des instructions données aux gouverneurs par le ministre, c'est-à-dire leur effet, lors du prochain renouvellement de la délégation, sur les fixations que la loi attribue aux Conseils coloniaux.

Et qui pourrait trouver notre interprétation forcée, lorsque rien n'y répugne dans cette partie de la lettre du ministre, et qu'elle lui suppose la louable intention d'arriver à ses fins sans sortir de la légalité?

Cette interprétation est certainement la plus naturelle et la plus honorable pour le ministre, mais elle ôte à sa lettre du 6 août le caractère d'une notification contre laquelle il y eût à se pourvoir dans le délai de trois mois.

Le ministre voudrait-il se prévaloir de l'obscurité d'un paragraphe subséquent pour détruire le fondement de notre opinion sur les expressions que nous avons citées?

Voici ce paragraphe :

Dans les colonies où les traitements actuellement alloués ne dépassent pas la limite que je viens d'indiquer (25,000 fr.), le chiffre pourra continuer à être porté au budget SANS UN NOUVEAU VOTE.

Ce sera également par le budget qu'il y aura lieu de ramener au taux indiqué ceux qui le dépassent actuellement.

Ainsi, à la Guadeloupe, à la Martinique et à la Guyane, où les traitements actuellement alloués ne dépassent pas 25,000 fr., ce chiffre pourra continuer à être porté au budget *sans un nouveau vote ;* le vote primitif, celui qui a eu lieu lors de la fixation attribuée par la loi aux Conseils coloniaux, suffira ; mais à Bourbon, où le traitement actuellement alloué aux délégués dépasse 25,000 fr., il ne pourra pas être porté au budget *sans un nouveau vote.* Le vote primitif ne suffira plus; la fixation faite en vertu de l'art. 19 de la loi est annulée!...

Le ministre oublie-t-il que le traitement des délégués, fixé dans la première session du Conseil colonial qui les a nommés, est indépendant des exercices financiers, et ne figure au budget que pour ordre? Entend-il soumettre les délégués qui jouissent d'un traitement supérieur à 25,000 fr. à une nouvelle fixation pour laquelle les Conseils coloniaux

n'ont plus qualité, ou à un vote au budget dont le traitement des délégués est indépendant? Nous avouons ne rien comprendre à la marche
tracée ici par le ministre.

Certes il importerait peu que ce passage détruisît l'opinion que nous
nous étions faite d'abord des intentions du ministre, et nous prouvât
qu'il n'entendait pas, comme nous l'avions cru, attendre le prochain
renouvellement de la délégation pour obtenir des Conseils coloniaux une
fixation de traitement conforme à ses vues; il importerait peu, disons-
nous, que notre erreur nous fût ainsi démontrée : il n'en résulterait pas
que la lettre du 6 août eût en ceci le caractère d'une notification et nous
donnât qualité pour nous pourvoir dans le délai de trois mois, à peine
de déchéance.

Car, au lieu de nous renvoyer au renouvellement de la délégation et à
une nouvelle fixation de traitement, sur laquelle il n'a aucune action directe ou légale, le ministre nous renvoie au budget, sur lequel il n'a
qu'une action limitée et réglée par le droit constitutionnel. Admettons
qu'en effet le ministre ait voulu faire modifier les traitements de la délégation par le budget : il s'en suit que les instructions qu'il annonçait dans
le paragraphe précédent devoir donner aux gouverneurs avaient pour objet une modification aux budgets ultérieurs, avant laquelle nous n'avons
aucun grief à formuler contre le ministre et à déférer au Conseil d'état ;
car c'est un débat réservé aux gouverneurs et aux Conseils coloniaux ,
et duquel il peut sortir tout autre chose que la réduction désirée par le
ministre. Ainsi, pas plus en ce qui concerne le traitement des délégués
qu'en ce qui concerne les dépenses de presse, la lettre du 6 août n'a le
caractère d'une notification, et les délégués, dans un cas comme dans
l'autre, étaient dans l'impossibilité de présenter à l'appréciation du
Conseil d'état un acte quelconque susceptible de devenir la matière d'un
pourvoi, d'un exposé, d'un rapport et d'un débat oral. La lettre du 6
août exprime des doctrines qui peuvent dans l'avenir donner lieu à
vingt pourvois différents, si elles recevaient à la direction des Colonies une
application telle qu'il est permis de la craindre. Mais elle n'a dû avoir dans
le présent et par elle-même d'autre effet qu'un échange d'observations

entre les délégués, les Conseils coloniaux, les gouverneurs des colonies
et le ministre.

————

DISCUSSION DU FOND.

Comme on vient de le voir, il y a deux questions principales et dis -
tinctes dans le débat qui s'est élevé entre les délégués de l'île Bourbon
et le ministre de la marine.

L'une est relative au traitement des délégués, fixé, conformément à
l'art. 19 de la loi du 24 avril 1833, par le Conseil colonial dans sa première session.

L'autre est relative aux frais de bureau et de secrétariat, attribués aux
délégués par un vote annuel aux budgets, et celle-ci pourrait s'étendre
aux allocations diverses votées également aux budgets par les Conseils
coloniaux, conformément à la constitution et aux lois de finances coloniales, soit pour la défense des intérêts coloniaux par la presse, soit pour
toute autre dépense à faire en France par les délégués.

Évidemment ces deux questions, qui sont confondues par le ministre
et par son conseil, n'ont aucun rapport entre elles.

Dans l'une il s'agissait d'une décision du Conseil colonial étrangère
au budget, où elle ne figure que pour ordre; d'une décision qui a été
prise, soit avant, soit après la présentation et le vote du budget, et sans
égard à ce vote, pour une durée égale à celle de la législature elle-
même, sans initiative de la part du gouvernement, sans son concours, et
même hors de sa présence, en vertu d'un article de loi tout spécial, l'art.
19 de la loi du 24 avril 1833, qui dispose : *« Le Conseil colonial nommera les délégues de la colonie dans sa première session et fixera leur traitement. »*

Dans l'autre il s'agit d'un ou de plusieurs articles de budget votés pour
un seul exercice financier, sur la présentation faite par le gouverneur,
discutés en sa présence et par ses commissaires, et faisant avec les au-

tres articles un tout inséparable qui , après la discussion et le vote du Conseil, peut être refusé par le gouverneur ou approuvé par lui et mis provisoirement à exécution, et plus tard encore sanctionné ou rejeté par la couronne.

Les délégués ont à se défendre sur ces deux questions, puisqu'ils sont attaqués sur l'une et sur l'autre par la décision du ministre, qui , d'une part, réduit le traitement des délégués, c'est-à-dire modifie, en préten-dant l'interpréter, la fixation faite par le Conseil colonial ; d'autre part, supprime les frais de bureau alloués par un budget approuvé et exécuté, réduisant à la somme unique et arbitraire de 25,000 fr. deux allocations si différentes et si distinctes par leur nature.

Il est important d'établir d'abord le fait de cette confusion, et cela sera facile.

En effet le traitement de chacun des délégués de Bourbon , fixé à 35,000 fr. par le Conseil colonial, avait été ordonnancé, jusqu'en 1846 , tantôt sur le pied de 37,500 fr. par an, tantôt sur celui de 40,000 fr. , selon que l'allocation portée au budget pour frais de bureau avait été de 5,000 ou de 10,000 fr. pour les deux délégués.

Par ordre du ministre , ce traitement , à partir du 1er janvier 1846 , n'a plus été ordonnancé que sur le pied de 25,000 par an, sans égard à l'allocation portée au budget pour frais de bureau , laquelle était de 5,000 fr. comme pour le précédent exercice.

Si cet acte du ministre était le seul document qui pût servir à la ma-nifestation de sa pensée, la confusion des frais de bureau avec le traite-ment, ou leur suppression, pourrait être une chose douteuse. On pour-rait croire en effet que le traitement de chaque délégué a été réduit à 20,000 fr. et les frais de bureau maintenus au chiffre du budget, 5,000 fr. S'il en était ainsi, il n'y aurait qu'une question , celle du traitement , le pourvoi des délégués ne pourrait avoir pour objet les frais de bureau qui leur seraient payés conformément au budget voté, et sinon sanction-né , au moins (ce qui est équivalent) approuvé et mis à exécution pro-visoire par le gouverneur.

Mais, indépendamment de l'acte ministériel qui modifie la position des délégués à partir de janvier 1846, nous avons, pour apprécier cet acte, la lettre du 6 août qui l'a précédé.

Cette lettre ne dit pas que, dès le mois de janvier, le traitement des délégués fixé lors de leur élection dans la première session du Conseil, et les frais de bureau alloués au budget de 1846, seront confondus et ordonnancés ensemble, et sans distinction, sur le pied de 25,000 fr. par an ; mais elle établit néanmoins cette confusion d'une manière très claire, en disant :

Je chargerai MM. les gouverneurs de représenter aux Conseils coloniaux, avec tous les égards dus à ces assemblées, que ces fixations (celles du traitement) *auraient à l'avenir, pour maximum, le taux de 25,000 fr.,* FRAIS DE BUREAU COMPRIS.

La confusion est manifeste, puisque le ministre réunit, sans distinction, la fixation du traitement qui a lieu en dehors du budget, et une fois seulement par chaque législature, dans sa première session, avec les frais de bureau qui sont votés au budget à chaque exercice.

Nous voyons donc, par cette lettre, qu'en ordonnançant le traitement de chaque délégué sur le pied de 25,000 fr., le ministre procéde comme si les Conseils coloniaux avaient obéi à ses injonctions, c'est-à-dire comme s'il n'y avait point de frais de bureau votés au budget, et comme si ces frais avaient été compris dans la fixation primitive du traitement. Il réforme dans ce sens et la fixation du 25 mai 1842 et le vote du budget, faisant du tout un bloc, et sans tenir plus de compte de leur nature diverse que des droits dont ils sont le produit. Cette confusion équivaut à une suppression totale des frais de bureau votés par le Conseil. Car supposer qu'ils sont compris dans une fixation antérieure, établir ainsi à la place de la réalité une fiction dont on est l'auteur, c'est ne reconnaître aucune valeur aux allocations distinctes et variables qui pourraient être, chaque année, portées au budget pour frais de bureau, c'est refuser le paiement des allocations distinctes portées au budget pour cet objet.

Nous écartons la question des allocations votées au budget des colonies pour la défense des intérêts coloniaux par la presse. ·

Non que nous reconnaissions, à cet égard, au ministre le droit qu'il prétend, mais parce qu'une solution actuelle par le Conseil d'état serait prématurée, ou plutôt impossible.

En effet, le ministre a bien pris, relativement à ces allocations spéciales, une décision ayant but d'empêcher l'ordonnancement des dépenses dont elles sont l'objet ; mais, depuis cette décision, les délégués de l'île Bourbon n'ont requis aucun ordonnancement de cette nature ; les allocations qui, dans le budget colonial, ont cette affectation, n'ont donné lieu à aucune demande ; ces allocations sont purement prévisionnelles, elles ne sont jamais nécessairement employées ou épuisées. C'est un fonds destiné à faire face à des dépenses dont il faut justifier, et qui peuvent n'avoir lieu que dans une certaine mesure, ou n'avoir pas lieu du tout. Par conséquent la résolution prise par le ministre de n'ordonnancer aucune dépense faite par les délégués sur ces fonds pourra bien donner lieu à un débat, lorsqu'un ordonnancement requis pour cet objet par les délégués sera refusé ; mais jusque là il n'y a pas de question, il n'y a pas de grief, il n'y a pas de plainte ni de décision possible. L'ordonnancement pourra être refusé avec juste raison ; il pourra l'être aussi à tort : les faits et les motifs produits en temps et lieu éclaireront à cet égard le Conseil d'état, qui, pour le moment, n'a rien à juger et ne pourrait évidemment rien décider.

Il n'y a donc que deux questions à résoudre, et ces questions les voici :

1re QUESTION.

La loi, la constitution, les règles de l'administration donnent-elles au ministre le droit de refuser aux délégués de Bourbon l'ordonnancement d'une somme de 5,000 fr., votée pour chacun d'eux, à titre de frais de bureau, dans un budget exécutoire et exécuté ?

2e QUESTION.

La loi du 24 avril 1833 sur le régime législatif des colonies, celle du

25 juin 1841, qui règlent les attributions respectives des Conseils coloniaux et du gouverneur dans les questions de délégation et de finances, de législation, de vote et de budget aux colonies, autorisaient-elles le ministre à modifier la fixation du Conseil colonial de Bourbon, qui, dans sa première session, et le 25 mai 1842, a porté à 55,000 fr. le traitement de chacun de ses délégués ?

§ 1. — Nous n'avons que peu de chose à dire sur la première question, celle des frais de bureau, que d'ailleurs nous aurons à revoir incidemment en traitant la deuxième, relative au traitement.

Les frais de bureau alloués à un fonctionnaire ayant pour objet de l'indemniser à forfait des dépenses nécessitées par ses fonctions et laissées à sa charge, pourraient, à raison de ce caractère, être considérés comme une partie du traitement ; et nous croyons que les Conseils coloniaux auraient le droit de les voter avec la même indépendance, en vertu de l'article 19 de la loi du 24 avril, dans leur première session, à la nomination de leurs délégués et lors de la fixation de leur traitement.

C'est ce que le ministre admet en principe, puisqu'il prescrit la réunion du traitement et des frais de bureau dans le *maximum*, dont il s'attribue la fixation.

Mais les Conseils coloniaux, à qui appartient la fixation, ont été parfaitement libres de ne pas comprendre dans le traitement les frais de bureau des délégués de leur colonie, et de voter annuellement ces frais au budget afin de pouvoir les modifier suivant l'exigence des circonstances.

C'est ce qui a été toujours fait depuis 1840, et la question est de savoir si le ministre peut refuser l'ordonnancement de ces frais de bureau en faveur des délégués à qui ils sont alloués dans un budget exécutoire. Nous disons que le ministre n'a point ce droit. Il pouvait refuser le budget. Il ne l'a point fait : son droit est épuisé ; et l'allocation est acquise aux destinataires.

La question n'est pas la même que celle de l'ordonnancement d'un dépense à prendre sur des fonds votés prévisionnellement au budget, comme ceux qui, à diverses époques, ont été portés au budget de l'île de Bourbon sous le titre : *Dépenses pour la défense des intérêts coloniaux par la presse ;* car ceux-ci ne devaient être payés que sur des factures justifiant une dépense faite, une dépense analogue à l'objet du vote, comprise sous le titre de l'allocation et au sujet de laquelle le ministre pouvait et devait se livrer à toutes les investigations capables de lui en faire apprécier la vérité, l'exactitude et l'authenticité.

Ici point de justification à faire; un bureau existe, une somme est votée pour son entretien; cette somme doit être payée au destinataire, quand même ses frais de bureau et de secrétariat n'absorberaient pas l'allocation, par la raison qu'il ne pourrait rien réclamer au delà, quand même ces frais dépasseraient l'allocation.

Voici ce qui nous paraît incontestable, et nous ne croyons rien avoir à ajouter à cette partie de notre défense.

Ce sera donc uniquement pour ne pas laisser le Conseil d'état à la merci des suppositions qui ont pu lui être suggérées, que nous exposons sommairement ici les nécessités du secrétariat de la délégation.

Outre le bureau et le secrétariat particulier de chaque délégué, dont les frais sont augmentés d'une correspondance qui se fait en grande partie par la poste et qui comporte l'envoi et l'affranchissement comme la réception et le port de volumineux paquets, la délégation a à sa charge un secrétariat général établi au ministère de la marine, dont le chef, depuis 1840, a cessé d'être rétribué par le ministère, et dont tous les autres frais sont supportés également par les délégués.

Les fonds votés aux budgets coloniaux pour frais de bureau et de secrétariat des délégués ont donc un objet sérieux, un objet spécial, dont l'importance ne peut pas être méconnue.

A la vérité, nous nous trouvons, pour conclure, dans un grand embarras, car la mesure ministérielle contre laquelle nous nous sommes pourvus n'explique pas dans quelle proportion les frais de bureau sont réduits. Nous ne pouvons conclure qu'hypothétiquement contre la suppression ou la réduction des frais de bureau, résultat d'une disposition qui fixe à 25,000 fr. le traitement et les frais de bureau réunis des délégués de l'île Bourbon, dont le traitement seul a été fixé pour chaque délégué à 35,000 fr., tandis que les frais de bureau étaient pour chacun de 2,500 fr. en 1842 et 1843, et de 5,000 fr. en 1844, 1845 et 1846.

§ 2. — La seconde question, relative au traitement, exigera plus de développement.

Nous allons l'examiner à fond. Pour réfuter la doctrine du ministre, nous avons à répondre à toutes les objections, à toutes les allégations et à toutes les prétentions de détail, exposées dans la lettre du 6 août 1845 et dans celle du 26 février 1846, aussi bien que dans le Mémoire de l'avocat du département de la marine.

Nous savons que le ministre n'accepte pas les termes dans lesquels nous posons la question relative au traitement ; il prétend avoir, non pas *modifié* la fixation du Conseil, mais interprété son vote ; pour lui donc la question est dans le droit d'interprétation. Il croit ce terrain beaucoup plus favorable ; il semble même désespérer de se soutenir sur l'autre, puisque toute l'argumentation de sa seconde lettre et du Mémoire de son avocat roule sur le droit d'interprétation, et tend à représenter comme hors de tout doute et de toute atteinte de sa part la *fixation* du Conseil colonial.

Nous avons donc une tâche préliminaire à remplir.

C'est de justifier la forme que nous avons donnée à notre thèse en disant que le ministre modifie la fixation du Conseil colonial et qu'il n'en a pas le droit.

C'est par là que nous allons commencer.

D'abord nous disons que la décision du ministre n'est pas fondée sur une interprétation du vote du Conseil colonial, mais sur une modification arbitraire et illégale de ce vote ; nous parlons du vote du 25 mai 1842, par lequel le Conseil a fixé, conformément à la loi, le traitement des délégués de la colonie dans sa première session.

Si le ministre avait seulement tenu ce langage : « Les Conseils coloniaux ont composé le traitement de leurs délégués de deux éléments, l'un destiné à la tenue de leur maison, à leur entretien et à celui de leur famille, à l'éducation de leurs enfants, à leurs frais de représentation et à leurs plaisirs ; l'autre, à des dépenses de presse, à des abonnements de journaux, à des émoluments de rédacteurs, à des honoraires d'avocats consultants et à des frais d'impression, etc., etc. »

Si le ministre trouvait dans le vote spécial du 25 mai 1842 des raisons pour faire cette distinction, pour fixer la première catégorie de dépenses à un chiffre et la seconde à un autre chiffre dont l'ensemble composât le chiffre voté, pour classer l'une comme essentielle et l'autre comme étrangère au traitement, nous trouverions cette interprétation illégale, fautive, et, dans tous les cas, dénuée de preuves ; mais nous pourrions croire au respect du ministre pour l'art. 19 de la loi, qui donne positivement au Conseil colonial le droit de fixer le traitement de ses délégués pour toute la législature, sans débat avec le gouvernement et sans contrôle.

Tout en lui déniant le droit de supprimer du traitement un des éléments dont le Conseil aurait voulu le constituer, nous reconnaîtrions que le ministre veut rester dans la légalité en respectant la fixation du Conseil jusqu'à concurrence de la somme qu'il suppose constituer seule le traitement des délégués.

Mais, quoique le ministre raisonne ainsi pour défendre devant vous sa décision, ce n'est pas ainsi qu'il a lui-même établi le principe de cette décision dans sa lettre du 6 août 1845.

Dans cette lettre, il prétend ouvertement au droit de modifier la décision souveraine du Conseil colonial ; il ne dit pas quelle est la proportion des éléments qui, dans la fixation qu'il attaque, constitue, selon lui, le traitement des délégués, pour n'en supprimer que ce qu'il croit y être étranger ; il annonce l'intention de réduire ce traitement même à un *maximum*. Evidemment c'est bien là une atteinte au droit du Conseil, ce n'est pas une interprétation du vote. Le ministre ne dit pas : « Je ré» duis, parce que le Conseil colonial n'a pas réellement voté » ; il dit : « Le vote du Conseil colonial ne peut être absolu. » Il ne dit pas : « Je

» respecterai la *fixation* du traitement et je supprimerai ce que le Con-
» y a ajouté comme accessoire »; il dit : « Je mets des limites au droit
» du Conseil, je fixe un *maximum* qu'il ne pourra jamais dépasser, et je
» réduirai le traitement actuel des délégués, quoiqu'il ait été voté le 25
» mai 1842, quatre ans et demi avant ma décision, à ce *maximum* que
» je fixe à 25,000 fr. » Nous reproduisons encore une fois ses paroles :

Je chargerai MM. les gouverneurs de représenter aux Conseils colo-
niaux, avec tous les égards dus à ces assemblées, que ces fixations (celles
du traitement) *auront à l'avenir pour maximum le taux de 25,000 fr.,*
frais de bureau compris.

Il est clair que ce n'est point là une interprétation du vote, mais une prétention au droit de modifier le vote.

C'est donc d'après cette déclaration, contenue dans la lettre du 6 août, qu'il faut juger l'acte qui a réduit le traitement des délégués de Bourbon, et non pas d'après une prétendue interprétation, à laquelle le ministre n'a recours que pour pallier l'illégalité qu'il a résolue.

Il est donc bien certain que l'acte qui soumet le traitement des délégués à un maximum est un empiétement du ministre, une usurpation des droits consacrés par une loi.

Or, sur ce terrain, la défense des délégués est facile.

L'art. 19 de la loi du 24 avril 1833 veut que les colonies aient des délégués près le gouvernement du roi.

Il veut que le Conseil colonial nomme, dans sa première session, les délégués de la colonie, et qu'il fixe leur traitement.

La nomination des délégués de la colonie et la fixation de leur traitement appartiennent exclusivement et sans partage au Conseil colonial.

Cette nomination et cette fixation ont eu lieu pour MM. Baudin et Déjean de La Bâtie le 25 mai 1842.

Le ministre n'a pas plus le droit de réduire la fixation que d'infirmer la nomination ; il ne peut pas plus refuser d'ordonnancer leur traitement, conformément à cette fixation, qu'il ne peut méconnaître leur qualité ni modifier leurs attributions.

Et il suffit d'un peu de réflexion pour comprendre qu'il n'en peut être autrement.

Dès que la loi consacre le droit de nommer, elle a dû également con-sacrer celui de rendre cette nomination efficace. Elle n'a pas pu accorder au Conseil le droit de nommer, et au ministre le droit de récuser.

De même pour le traitement : la loi n'a pas pu accorder au Conseil le droit de *fixer*, et au ministre le droit de réduire.

Il y a aussi connexité entre le droit de nommer librement et le droit de rétribuer librement : car à un mandataire librement élu il faut une position libre, et celle des délégués ne le serait pas si leur traitement, après avoir été voté par le Conseil colonial, pouvait être réduit par le ministre, si l'ordonnancement de l'état de paiement pouvait être arbitrairement accordé ou refusé.

Quelle contradiction n'y aurait-il pas à vouloir rendre esclaves de l'ordonnancement, des fonctionnaires qui, par droit et par raison comme par devoir, doivent être indépendants du gouvernement lui-même !

Il n'y a aucun raisonnement qui puisse justifier la prétention du gouvernement à fixer un *maximum* quand la loi n'en a pas parlé, puisque ce *maximum* serait tout à fait arbitraire, et par conséquent destructif du droit colonial fondé par la loi.

Le ministre ne peut pas plus fixer un *maximum* qu'un *minimum*; il ne pourrait pas moins l'un que l'autre.

En vain se défendrait-il sur la modération de la réduction, sur la conformité du *maximum* par lui fixé, avec certaines fixations antérieures des Conseils coloniaux ; il est évident que sa réduction n'en serait pas moins arbitraire, et que, s'il a pu fixer un maximum de 25,000 fr., il a pu et pourra en fixer un de 10,000 fr.

En vain se prétendrait-il parfaitement éclairé et mieux éclairé que les Conseils coloniaux sur les besoins des délégués; la question n'est pas là : elle est dans le droit que la loi a fondé, et que le ministre ne peut pas détruire. Si pourtant c'était ici une simple question d'appréciation, bien certainement c'est aux Conseils coloniaux qu'elle devrait être dévolue; à eux qui sont contribuables, représentants des contribuables et nommés *ad hoc*, plutôt qu'à un ministre ou à un directeur des colonies, dont les attributions ne peuvent s'étendre jusqu'à ce détail.

Si l'on reconnaissait au ministre le droit de réduire le traitement fixé

par le Conseil, et de le soumettre à un *maximum*, pourquoi ne lui re-
connaîtrait-on pas celui de contester le nombre des éligibles à la délégation, et de les réduire à des catégories? Ce seraient abus de même
nature. Dans un cas comme dans l'autre il y aurait arbitraire : le maximum et les catégories pourraient s'étendre ou se resserrer au gré des
ministres, sans autre règle que leur volonté.

Mais, encore une fois, toute discussion sur les avantages ou les in-
convénients de l'intervention ministérielle est oiseuse, puisque la loi
dispose de la manière la plus simple et la plus claire que c'est le Conseil
colonial qui nomme les délégués de la colonie et qui fixe leur traitement
dans sa première session. Il est évident qu'il nomme qui il veut, qu'il
fixe le traitement au taux qu'il veut, et qu'une fois fixé dans sa première session, ce taux reste le même jusqu'à ce qu'une nouvelle législature fasse une nouvelle nomination de délégués.

Le droit d'intervention en pareille matière n'appartient pas même à la
couronne, et n'est pas dans le domaine de l'ordonnance.

Cet exposé devrait suffire pour faire condamner le ministre qui, en
présence de l'art. 19 de la loi du 24 avril 1833, a dit « que le droit des
Conseils coloniaux *ne pouvait pas être absolu* quant à la fixation du traitement des délégués, et qu'il ferait représenter à ces assemblées que
ces fixations *auront à l'avenir pour* maximum *le taux de 25,000 francs,
frais de bureau compris.* »

Nous ne pouvons cependant nous en tenir à ce raisonnement si
simple et si concluant; nous comprenons la nécessité de porter encore
la discussion sur un autre terrain; car le ministre peut déclarer qu'il
abandonne la doctrine exposée dans sa lettre du 6 août, pour donner à
la réduction qu'il entend prononcer une tout autre base.

Il peut reconnaître, en effet, que, lorsque les Conseils coloniaux fixent
le traitement de leurs délégués à un taux, ce taux ne peut pas être
changé; il peut renoncer à cette prétention de soumettre la fixation des
Conseils coloniaux à un *maximum*, et s'en tenir à la doctrine exposée
dans sa lettre à M. Dejean de La Bâtie du 27 février 1846, et dans le
Mémoire de son avocat.

Si une telle déclaration n'est pas faite, elle est au moins implicitement contenue dans l'abandon évident des prétentions exprimées dans la lettre du 6 août, prétentions qui ont certainement été le principe de la réduction, mais dont il ne se trouve plus la moindre trace dans la lettre du 27 février ni dans le Mémoire du conseil du département de la marine.

Nous prendrons acte de cette déclaration, toute implicite qu'elle est, si l'organe du ministre refuse d'accepter la discussion sur le terrain de la légalité, où nous l'avons d'abord portée; et nous n'aurons pas pris en cela un soin superflu, car de la renonciation du ministre à la doctrine exposée dans la lettre du 6 août résultent des conséquences précieuses à recueillir et à constater.

Ces conséquences sont :

Que le ministre lui-même reconnaît qu'il n'a pas le droit, tant que la loi restera ce qu'elle est, de modifier la fixation du traitement des délégués votée par les conseils coloniaux, soit en la soumettant à un maximum, soit de toute autre manière; qu'il ne peut procéder à cet égard par mesure générale, mais seulement par des mesures spéciales et successives, et exclusivement relatives à chaque colonie et à chaque fixation; et cela non plus en infirmant d'autorité le vote qui consacre cette fixation, mais en le discutant, lorsqu'il sera susceptible de discussion, pour en faire ressortir le véritable esprit et la véritable nature, pour mettre en évidence ce qu'il est, et le faire respecter dans son essence par des délégués qui auraient voulu en détourner à leur profit le véritable sens et en exagérer la portée.

Ce droit, qui est celui de discussion, nous le reconnaissons au ministre, dans l'intérêt de la loi elle-même; nous ne pouvons lui en reconnaître d'autre, ni contre la loi, ni contre les pouvoirs que la loi a fondés et dotés d'attributions certaines et précises.

Dans cette mesure, nous accepterions les doctrines du ministre, mais ce serait sans profit pour lui, car il est bien évident que la fixation d'un traitement est une opération trop simple pour donner lieu à des difficultés, à des équivoques susceptibles d'interprétation.

En vain le ministre voudrait-il incriminer les vues et la pensée d'un Conseil colonial qui a le droit de fixer sans contrôle le traitement des délégués; la logique et la loi reconnaîtront toujours comme irréprochable et inattaquable le vote qui aura fixé ce traitement, quand même il entrerait dans la pensée du Conseil qu'une partie ou même la totalité en dût être consacrée à des dépenses de presse ou à toutes autres quelconques.

Il suffit, en effet, pour que la somme votée ait le véritable et sincère caractère de *traitement* que le procès-verbal lui attribue, qu'elle soit mise à la libre disposition du délégué pour l'usage qu'il en voudra faire, sans recevoir, des indications contenues dans le vote, d'autre lien que celui d'une obligation morale et politique dont il a seul la responsabilité, et dont le droit électoral du Conseil est la garantie et la sanction.

Les interprétations arbitraires d'un ministre ne changent rien à la nature des choses; celles contre lesquelles nous nous défendons seraient vaines et oiseuses quand même elles auraient pour fondement une doctrine moins attaquable que celle qu'on oppose au vote du Conseil colonial de l'île Bourbon.

Dans l'opinion du ministre, le Conseil colonial n'aurait pu élever le traitement des délégués avec l'intention de les mettre *à portée de faire face par eux-mêmes et avec entière latitude aux dépenses de presse et autres que leurs instructions comportaient* (lettre du 6 août 1845), et le gouvernement aurait le droit de refuser son concours à cette fixation d'émolument, parce que, dit-il, *elle reconstituerait sous une autre forme un état de choses auquel il croit nécessaire de mettre un terme.*

Il serait étrange pourtant que les sommes destinées aux plaisirs des délégués constituassent une partie du traitement inattaquable aux yeux du ministre, et qu'il pût mettre arrêt sur celles que les délégués voudraient employer à payer des livres ou des journaux.

D'après cette doctrine, les Conseils coloniaux pourraient, sans sortir de la légalité et sans encourir les censures du ministère, composer le traitement des délégués de leur colonie d'une somme spécialement affectée à leur table, à leur hôtel, à leur voiture, à leur domestique, à leur mobilier, à des voyages, à des chasses, en un mot à leur luxe et à tous leurs plaisirs, sans que le ministre pût y toucher; mais, s'il arrivait que

les Conseils coloniaux eussent compris aussi dans le traitement de leurs
délégués le prix de leurs abonnements, le salaire de leurs secrétaires,
les émoluments de leurs rédacteurs, les honoraires de leurs avocats, les
comptes de leurs imprimeurs et de leurs libraires, le ministre arrêterait
ces dépenses à la filière de l'ordonnancement et prouverait que de telles
dépenses ne peuvent avoir son approbation !

Les délégués pourraient avoir des loges à tous les théâtres sur leur
traitement, ils ne pourraient avoir sur le même traitement une demi-
colonne de journal à leur disposition ! Ce sont là évidemment des conséquences inacceptables et pourtant nécessaires de la doctrine interpréta-
tive du ministre, et il suffit de les exposer pour démontrer que cette
doctrine est inadmissible.

Mais, dit le ministre, *cette fixation d'émolument tendrait à reconstituer sous une autre forme un état de choses auquel je crois nécessaire de
mettre un terme.*

C'est absolument comme si le ministre disait que cette fixation d'é-
molument donne à la délégation des colonies une indépendance qu'il
croit nécessaire de lui ôter. Mais cette indépendance, elle est un besoin pour les délégués ; c'est la loi qui l'a fondée, et le ministre doit la
respecter.

Au reste, quel est l'état de choses auquel le ministre croit nécessaire
de mettre un terme ? Sa lettre l'explique :

Les Conseils coloniaux votent des fonds pour abonnement aux journaux et pour la défense des intérêts coloniaux par la presse. Ces abonnements, ces dépenses donnent lieu à des factures que les délégués font
ordonnancer et qui sont payées sur ces fonds.

Le ministre croit pouvoir refuser l'ordonnancement de ces dépenses,
quelles qu'elles soient ; d'avance il renonce à les apprécier, à les discuter ;
il les condamne dès ce jour toutes et en bloc.

Il ne se demande pas si les Conseils coloniaux ont le droit de voter
de telles dépenses ou non ; il n'explique pas comment ces dépenses,
votées et approuvées dans un budget exécutoire et exécuté, pourront être
légalement considérées comme non avenues ; il ne dit pas où il prend

le droit de refuser l'ordonnancement d'une dépense faite régulièrement
sur des allocations ainsi votées *ad hoc*, et sanctionnées ; il les biffe toutes,
non seulement pour un exercice , ce qui serait déjà bien inconstitution-
nel, mais pour tous les exercices à venir ; il n'attend pas l'issue des
débats qui peuvent s'élever, qui doivent s'élever tôt ou tard sur cette
prétention gouvernementale , et qui peuvent avoir chacun une issue dif-
férente ; il juge d'avance et condamne ses adversaires.

Or c'est sur cette condamnation anticipée qu'il se règle pour atteindre
dans le traitement des délégués une analogie qui l'offusque ; et, comme
il condamne d'avance et pour toujours toute allocation de fonds destinée
à des dépenses de presse , il supprime du traitement des délégués, et
au hasard, toute la partie qu'il suppose pouvoir ou devoir être consacrée à des publications ou à des abonnements qui donneraient un organe
aux intérêts coloniaux. Ceci nous paraît être le comble de l'arbitraire
contre les personnes, et le comble du désordre dans les choses. C'est
pourtant contre ce désordre et contre cet arbitraire que les Colonies ont
à se défendre.

Posons donc bien le principe sur lequel les distinctions du ministre
nous appellent à raisonner.

La somme votée par le Conseil à titre de traitement des délégués ,
conformément à l'art. 19 de la loi, n'est pas susceptible d'interprétation.
Quels que soient les désirs exprimés par le Conseil et ses vues pour
l'emploi de cette somme, elle se refuse à la décomposition que le ministre a tentée ; elle est votée en bloc et livrée à la libre et définitive
possession du délégué. Celui-ci peut l'économiser ou la dépenser, l'employer à ses besoins, à ses plaisirs, ou à ses devoirs, avec ou sans égard
aux vues du Conseil, et sous sa responsabilité morale et politique ; il
peut en tenir un compte exact, jusqu'à mettre sous les yeux du Conseil
tout le détail de ses dispositions ; il peut en dissimuler l'emploi , jusqu'à
n'en laisser nulle trace , sans que le ministre ait le droit de rechercher
la nature de ces dépenses.

C'est cette indépendance qui constitue le caractère du traitement, et
non pas l'emploi que le titulaire en fait.

Ces principes posés, nous allons discuter le fondement des interprétations en vertu desquelles le ministre a réduit la fixation du traitement des délégués de Bourbon de 35,000 fr. à 20 ou 25,000 fr. : nous ne savons quel est le véritable chiffre, car, d'après le ministre, les 25,000 fr. dont il ordonne le paiement contiennent encore les frais de bureau.

Premièrement, nous disons que l'interprétation du ministre est tout à fait arbitraire.

Il décompose ainsi les émoluments attribués à chaque délégué de l'île Bourbon dans la séance du 3 septembre 1841 (1).

« Traitement . . . . 20,000 fr.
» Frais de secrétariat. 5,000
» Dépenses de presse 15,000
—————————
» Total. . . . . . . 40,000 »

Dans le fait, voici ce qui a eu lieu le 3 septembre 1841 :

La quatrième législature de l'île Bourbon, se trouvant alors dans sa première session et ayant à nommer les délégués de la Colonie, fixa le traitement de chacun d'eux à 35,000 fr.

Il ne fut question ni de frais de bureau ni de dépenses de presse, ces sortes de dépenses se votant au budget. Or à cette époque, le 3 septembre 1841, le budget de l'exercice courant, voté par la législature précédente, portait 5,000 fr. pour frais de bureau, à savoir 2,500 fr. pour chaque délégué.

Voici l'extrait de la séance du 3 septembre 1841, citée dans la lettre de M. le ministre du 27 février 1846 :

« M. J. GESLIN propose de fixer à 35,000 fr. le traitement de chacun des deux délégués.

—————————————————————————

(1) Voir sa lettre du 27 février 1846, page 11 de ce Mémoire.

» Cette proposition est soumise au scrutin secret. — Il y a 26 votants. Le dépouillement du scrutin présente 24 boules blanches, 2 boules noires. Le Conseil
adopte.

• M. Patu de Rosemont dit qu'il avait été convenu que la nomination des délégués n'aurait lieu qu'après la votation de leurs instructions et la fixation de leur traitement. Il regrette l'empressement qui a porté à ouvrir le scrutin d'élection avant le
vote sur ces deux préliminaires, fort importants à son avis. Il déclare qu'il se serai
abstenu de voter, *s'il avait pu croire que le traitement des délégués dût absorber
une somme de 70,000 fr.*

» Plusieurs conseillers font observer à M. Patu de Rosemont que cette disposition du règlement, qui lui paraît si importante, a été obéie, puisqu'il est vrai que
les délégués ne sont pas encore nommés; que, d'ailleurs, cette disposition réglemen-
taire peut être changée par le vote du Conseil, et que dans tous les cas le traitement
aurait dû être voté quel que fût le candidat, et en prévision de celui que chacun
pouvait vouloir élire.

» Le scrutin ouvert pour la nomination des délégués est déclaré fermé. Il est 4
heures et demie. On procède au dépouillement du scrutin. Il y a 28 votants.

» M. Dejean de La Bâtie a obtenu 27 voix;

» M. le vice-amiral Baudin, 26 voix;

» M. Th. Ruyneau de Saint-George, 1 voix;

» M. Berryer, 1 voix.

» M. Dejean de La Bâtie et M. le vice-amiral Baudin sont proclamés délégués de
la colonie de Bourbon près le gouvernement du roi. »

(Procès-verbaux du Conseil colonial de l'île Bourbon pour 1841, p. 143.)

On voit que le traitement est fixé à 35,000 fr. sans aucune affectation
spéciale d'aucune partie de la somme, et que le seul membre qui ait fait
une objection sur ce traitement à cause de son élévation, n'a point paru
supposer qu'il comprît 15,000 fr. pour dépenses de presse, car alors
son opposition aurait dû être autrement motivée.

Que dit M. Patu de Rosemont, pour expliquer la boule noire par
laquelle, lui deuxième, contre 24 votants, il combattit cette fixation?
Dit-il que les dépenses de presse devaient absorber une moindre somme,
ou qu'il aurait voulu soumettre les délégués à une reddition de compte
pour l'emploi des 15,000 fr. destinés, d'après le ministre, à des dé-

penses de presse ? Nullement; il s'exprime au contraire de manière à ne laisser aucun doute sur le véritable caractère ¸de la somme votée. *Il n'aurait pas donné son vote pour la nomination des délégués, dit-il, s'il avait pu croire que le traitement des délégués dût absorber une somme de 70,000 fr.*

L'interprétation la plus naturelle d'une opposition ainsi formulée est que, si le vote eût dû, dans la pensée de M. Patu, avoir pour objet autre chose que le traitement, il n'aurait pas trouvé la somme trop forte.

Quelle raison avait-il, en effet, de faire ce reproche au Conseil, si la somme de 35,000 francs votée pour chaque délégué avait dû se décomposer, comme le prétend le ministre,

En traitement	20,000 fr.
En dépenses de presse	15,000

puisque, dans ce cas, le traitement restait ce qu'il avait été auparavant ?

Mais voici sur quoi M. le ministre fonde son assertion.

En 1839 (séance du 26 décembre), le Conseil avait ajouté, dit-il, 35,000 fr. au traitement des délégués, qui avait été jusqu'alors de 20,000 fr. pour chacun, y compris les frais de bureau. C'est cette allocation qui a été renouvelée le 3 septembre 1841.

Or, c'est là, de la part du ministre, une erreur matérielle et inexplicable. En 1839, aucune somme n'a pu être ajoutée au traitement des délégués, aucune somme n'y a été en effet ajoutée.

Les délégués en fonctions le 26 décembre 1839 avaient été élus en avril 1838, et ils sont restés en fonctions jusqu'en mars 1842 ; leur traitement avait été fixé pour toute cette période au moment de leur nomination, et rien n'y pouvait être ajouté. Pour se convaincre de l'erreur qu'a faite M. le ministre, il n'y a qu'à rapprocher les expressions de sa

lettre (pages 10 et 11 de ce Mémoire) des termes de la séance qu'il in‑
dique [26 décembre 1839](1).

M. le ministre prétend qu'on ajouta au traitement des deux délégués,
qui était de 40,000 fr., *comme accessoire* de la solde et à titre de fonds
mis à la disposition des deux délégués pour frais de secrétariat et pour
dépense de presse, 35,000 fr.

L'extrait de la séance indiquée fait voir au contraire que ces deux
sommes étaient parfaitement distinctes; l'une, celle de 40,000 fr., ne
fut portée en budget que pour ordre: c'était le traitement des deux délé‑
gués, voté en avril 1838, en dehors du budget; l'autre fut voté non pas
comme *accessoire de la solde*, mais pour former au budget un chapitre à
part, après celui qui a pour titre : *Dépenses payées comme la solde*. M. le

-----

(1) *Extrait du registre des procès-verbaux du Conseil colonial de l'île Bourbon
Session de* 1839. — *Séance du 26 décembre* 1839 (p. 242).

Délégués de la colonie, 40,000 fr.

« M. P. DE RICHEMONT : Votre commission pense qu'il est juste de défrayer nos
délégués des frais qu'occasionne le secrétariat de leur conseil, et qu'il est nécessaire
de mettre à leur disposition une somme destinée à soutenir nos intérêts sur le même
terrain où on les attaque incessamment. Une grande partie de l'allocation que vous
voterez devra donc servir à défendre les colonies au moyen de la presse et par des
publications périodiques ou accidentelles. L'emploi de toutes ces sommes sera l'ob‑
jet d'un compte régulier rendu au gouvernement du roi et au Conseil colonial. Nous
vous proposons d'ajouter au budget un article ainsi conçu : « Frais de secrétariat
» du conseil des délégués, et défense par la presse des intérêts coloniaux :
» 35,000 fr. »

» Le chiffre de 40,000 fr. est adopté.

» L'allocation de 35,000 fr., proposée par la commission, est adoptée à l'unani‑
mité, moins une voix.

» Cette allocation prendra place après le chapitre : « Dépenses payées comme la
» solde, » et aura pour titre : « Frais de secrétariat du conseil des délégués et dé‑
» fense par la presse des intérêts coloniaux. »

ministre a pris pour une affectation de fonds l'indication du chapitre après lequel l'allocation devait prendre place au budget.

L'erreur est donc matérielle, et, on peut le dire, inconcevable dans une lettre officielle qui était bien de quelque gravité.

M. le ministre paraît croire que cette somme de 35,000 fr. fut dès lors payée *comme la solde* aux délégués de cette époque, et que la fixation à 35,000 fr. du traitement de chaque délégué n'a été depuis que la réunion des deux sommes votées dans la séance du 26 décembre 1839, et la continuation de l'état de choses fondé à cette époque ; mais c'est encore là une erreur ; les délégués élus en avril 1838 ont fait ordonnancer plusieurs dépenses spéciales sur cette allocation de 35,000 fr., mais jamais elle n'a été confondue avec le traitement, parce qu'elle avait été votée au bugdet à un tout autre titre. Les états de paiements de 1839, 1840 et 1841, en font foi ; rien n'est plus facile que de les produire, s'ils peuvent servir à prouver que les 35,000 fr. payés en 1842, 1843, 1844 et 1845, aux délégués élus le 3 septembre 1841, ont la même origine.

Non, il n'en est rien ; le traitement des délégués élus en avril 1838, fixé à 20,000 fr. dans la même séance, a continué, après le vote des 35,000 pour frais de presse dans la séance du 26 décembre 1839, à être ordonnancé sur le pied de 20,000 fr. jusqu'au 1er janvier 1840, et à partir de cette époque jusqu'au 6 mars 1842, sur le pied de 22,500 fr., parce que le conseil avait voté, au budget de cet exercice, 5,000 fr. de frais de bureau.

Les délégués, élus le 3 septembre 1841, réélus le 25 mai 1842, entrèrent en fonctions, l'un le 6 mars 1842, et l'autre le 1er décembre de la même année. Dans l'une et dans l'autre élection, le traitement avait été fixé à 35,000 fr. Il fut ordonnancé sur ce pied pour chaque délégué à partir du jour où il entra en fonctions.

Les délégués de 1838 ont fait ordonnancer, sur la somme de 35,000 francs votés au budget pour frais de presse, des états de dépenses s'élelevant à 6 ou 7,000 fr.

Les délégués de 1841 et 1842 ont aussi fait ordonnancer, sur les sommes votées de même au budget, des états de dépenses s'élevant à 15 ou 16,000 fr.

L'induction du ministre est donc mal fondée ; mais, quand il serait vrai que telle a été l'origine du traitement voté le 3 septembre 1841 et le 25 mai 1842, sont-ce les motifs du Conseil que l'on peut invoquer contre lui pour infirmer son droit et pour invalider son vote ?

Il est certain qu'un Conseil qui a le droit de fixer le traitement des délégués de la Colonie ne se détermine pas sans motif à élever ce traitement ou à le réduire ; mais ces motifs il n'en doit compte à personne. Il peut, à chaque élection nouvelle, modifier la fixation du traitement sans aucune explication ; donc cette explication, quelle qu'elle eût été, ne pouvait donner au gouvernement le droit d'intervenir dans la fixation pour la réduire ou l'élever.

Et après tout, quel grand intérêt a donc le gouvernement à réduire la fixation d'émoluments votés par le Conseil colonial ?

Nous avons fait voir que le motif allégué dans la lettre du ministre n'avait point un caractère légal, puisque ce motif consiste, de l'aveu du ministre, à empêcher directement et irrévocablement que les délégués ne fassent, au moyen de leur traitement, ce que le ministre ne peut, sans jugement, les empêcher de faire au moyen des allocations que porteraient les budgets coloniaux.

Voyons maintenant s'il existait des motifs plus plausibles. Parcourons tout le cercle des intérêts que le ministre peut invoquer, intérêts moraux, intérêts politiques, intérêts économiques.

D'abord nous disons qu'aucune sorte d'intérêt ne saurait prévaloir contre la loi. Ce principe est d'autant plus absolu, et il doit paraître d'autant plus sacré, que le ministre, qui est partie au procès, est moins favorable que tout autre à exciper des vices de la loi. Elle a été faite sans les colons, elle leur a été imposée ; elle leur est sans cesse opposée dans des questions où leurs intérêts la repoussent : faut-il aussi qu'elle soit éludée dans les articles qui leur offrent des avantages ?

De plus, si la loi est mauvaise, le ministre a tous les moyens de la faire réformer ; n'est-ce pas le moins qu'en attendant, elle soit exécutée telle qu'elle est ? Le ministre veut soumettre le traitement des délégués à un *maximum ;* la loi dit que *le Conseil colonial fixe* ce traitement, et ne donne à cet égard aucun droit au ministre. La question est toute là, et elle est véritablement fort simple.

Sont-ce les intérêts du trésor qui sont en péril ? Mais le traitement des délégués est pris sur les fonds coloniaux, sur un budget que la loi du 25 juin 1841 a partagé de manière à produire annuellement à la métropole un excédant de 300,000 fr., dont la Colonie est privée. Après avoir enlevé à l'île Bourbon ses recettes, veut-on encore l'entraver dans les dépenses de son service local et dans celles qu'elle juge les plus nécessaires ? Encore faudrait-il procéder à cette nouvelle modification du droit colonial par une loi.

Non, le trésor métropolitain est ici sans intérêt. Que le Conseil d'état veuille bien se pénétrer de la situation faite à l'île Bourbon, dont nous avons à défendre ici une faible et indispensable prérogative consacrée par la législation.

Avant 1841 le budget de l'île Bourbon se soldait en excédant. Toutes les dépenses payées, il restait à la colonie de 3 à 400,000 fr., qui entraient dans la caisse de réserve et lui permettaient de construire ces ponts et ces routes qui avaient porté l'agriculture, et par l'agriculture le commerce et la navigation de cette île, à un haut degré de prospérité.

Les recettes de la colonie lui appartenaient alors sans partage. La loi du 25 juin 1841 a changé cet état de choses ; les recettes ont été, comme les dépenses, divisées en deux catégories : certaines recettes et certaines dépenses ont été dévolues au budget de la métropole ; certaines autres ont continué de composer le budget du service local ; dans ce partage, fait par elle seule, la métropole a eu un excédant annuel de 3 à 400,000 fr. Cela est dur, mais cela est légal. Faudra-t-il encore que la Colonie soit tracassée même dans l'emploi des fonds dont la disposition lui a été laissée ? même dans l'exercice d'un droit qui a été consacré, en dehors des lois financières, par un article spécial de la loi constitutive ? Le trésor métropolitain n'a pas le moindre intérêt à ce débat, qui n'a d'autre but que d'entraver une défense légitime, une défense qui est un devoir, le premier devoir de la délégation, l'objet spécial de son institution.

En vain chercherait-on la raison des rigueurs ministérielles dans un intérêt légitime; elle n'est pas là. Nous allons la trouver dans les aveux mêmes du ministre.

Voici comment il débute dans sa lettre du 6 août 1845 :

« Depuis que je suis à la tête du département de la marine, l'*usage* » que *MM. les délégués ont fait des fonds mis à leur disposition par les* » *budgets coloniaux n'a pas cessé de soulever à mes yeux des objections* » *capitales contre le maintien de ces allocations.* »

Plus loin, le ministre déclare qu'il entend soumettre le traitement des délégués *au maximum de 25,000 fr., frais de bureau compris*, afin que la suppression des allocations ne soit pas une vaine mesure : la fixation élevée des émoluments de la délégation pouvant, dit-il, *reconstituer sous une autre forme un état de choses auquel il a jugé nécessaire de mettre un terme.*

Ainsi, supprimer les allocations portées au budget colonial pour la défense des intérêts coloniaux par la presse, et, pour rendre cette suppression efficace, réduire le traitement des délégués, telle est la mesure jugée nécessaire par le ministre. Ce sont deux mesures fort différentes, dictées par la même pensée, dérivant d'un même principe ; cette pensée, ce principe, c'est l'opinion du ministre sur l'*usage que MM. les délégués ont fait des fonds mis à leur disposition, etc.* Ainsi les allocations auraient pu, auraient dû, dans la pensée du ministre, être maintenues, si les délégués en eussent fait un usage différent ; c'est l'usage qu'ils en ont fait qui *n'a pas cessé de soulever des objections capitales contre le maintien de ces allocations.*

Ces objections capitales, le ministre n'en dit pas un mot, et il est facile de voir qu'elles consistent uniquement dans la contrariété qu'il éprouve. C'est pour épargner à M. le ministre cette contrariété qu'il faudra violer les lois !

Et enfin cet usage qui n'a pas cessé de soulever des objections capitales, dont jamais personne n'avait entendu parler ; cet usage, quel est-il ? quel pouvait-il être ? Les allocations ont pour objet spécial *la défense des intérêts coloniaux par la presse ;* elles sont portées sous ce titre au budget. Les délégués emploient à cet objet une partie des allocations, et c'est cet usage qui soulève contre le maintien de ces allocations des objections capitales ! Et quel est donc l'usage qu'il fallait faire *des fonds votés pour la défense des intérêts coloniaux par la presse,* afin de ne soulever aucune objection contre le maintien de ces allocations ? Fallait-il s'en servir pour combattre les intérêts coloniaux ? Comment ! le principe des allocations n'est pas condamné, elles sont spécialement votées pour la défense des olonies par la presse, Cet l'usage qu'on en fait, dans cet intérêt, soulève des objections capitales ! Les délégués demandent positivement à quoi le ministre aurait voulu que les fonds fussent employés , et quelles sont les circonstances qui, à ses yeux, en ont rendu l'emploi criminel. Les délégués ont–ils diffamé le ministre ? ont–ils provoqué la haine contre le gouvernement du roi ? ont–ils excité les citoyens à s'armer les uns contre les autres ? Si c'est l'usage que les délégués ont fait des allocations votées pour la défense des intérêts coloniaux par la presse, ils sont bien coupables. Toutefois, ce n'est pas par le refus d'une allocation qu'ils doivent être punis ; mais par une poursuite régulière devant les tribunaux. Où est donc le crime des délégués ? Hélas ! ils ont discuté et fait discuter le mérite des mesures proposées par le ministre ou par la commission des affaires coloniales.

Sont-ce là, Messieurs, des motifs sérieux ? Non , il ne suffira point à un ministre de dire que l'*usage* que les délégués ont fait des allocations coloniales soulève à ses yeux des objections capitales, pour que l'ordonnancement des dépenses faites régulièrement sur ces allocations soit refusé, sans un jugement pour chaque cas spécial, et encore moins pour que la fixation du traitement des délégués qui est, par la loi, indépendante du concours du gouvernement, subisse les modifications arbitraires du ministre.

A l'égard de cette fixation, des présomptions dénuées de fondement ne l'emporteront pas sur l'expression officielle des procès-verbaux.

Remarquez bien, Messieurs, que le ministre, au lieu de produire un fait pour en faire la base de ses raisonnements, ne produit que des allégations démenties par la discussion du Conseil colonial.

Il suppose que le chiffre de 55,000 fr., voté en 1841 et 1842, n'est qu'un composé de sommes diverses qui ne constituent pas le traitement des délégués, mais qui comprend avec ce traitement des allocations distinctes et spéciales; et il ne fixe que sur des présomptions, dont nous avons démontré la vanité, les chiffres qui déterminent chacune de ces prétendues affectations; or, le texte des procès-verbaux et l'esprit de la discussion qui a accompagné le vote détruisent la supposition du ministre.

Maintenant nous allons examiner le raisonnement destiné, dans le Mémoire du conseil du département de la marine, à suppléer un fait qu'après mûre réflexion on a bien pensé ne pouvoir faire résulter des pièces officielles.

« Soit, dit le ministre, vous avez un budget exécutoire et exécuté qui porte ceci : Délégués, 80,000 fr.; savoir :

Traitement.	70,000 fr.
Frais de bureau.	10,000
Total. . . .	80,000 fr.

« Mais en s'arrêtant à ces termes, dans lesquels seuls réside le vote
» du Conseil colonial, et qui, seuls aussi, ont été consentis par le gou-
» verneur, dont l'agrément provisoire a suppléé à la sanction royale,
» il n'y a d'affectation autorisée à titre de traitement que jusqu'à con-
» currence de 70,000 fr., et à titre de frais de bureau et de secrétariat
» jusqu'à concurrence de 10,000 fr.

» Dès lors ces fonds ne reçoivent pas une destination légalement au-
» torisée, une destination qui se justifie par les dispositions du budget,
» si, *en fait,* ils sont appliqués, non à former le traitement des délé-
» gués, non à solder leurs frais de secrétariat et de bureau, mais à sub-
» venir à des dépenses d'une autre nature, à des dépenses dont le gou-
» vernement n'a jamais reconnu la légitimité ou l'opportunité, et dont il
» ne peut être considéré comme ayant approuvé soit le principe, soit
» l'importance, par cela seul qu'il n'a pas empêché l'exécution d'un
» budget où ces dépenses ne sont pas même énoncées, où l'article au-
» quel on voudrait les rattacher n'en contient pas la moindre indica-
» tion (1). »

Constatons d'abord une variation importante dans les moyens de notre adversaire.

D'abord il pose en principe, dans sa lettre du 6 août 1845, que le
vote du Conseil ne peut être absolu, et que ce vote peut être soumis par
le ministère à un *maximum.*

Dans la seconde lettre, ce principe, insoutenable en présence du texte
de la loi, est abandonné, et l'on établit comme un fait, dans la lettre du
27 février 1846, que le Conseil colonial de l'île Bourbon n'a pas fixé le
traitement de chacun des délégués à 35,000 fr., mais à 20,000 fr.,
auxquels on a ajouté plus tard 5,000 fr. de frais de bureau, et que l'ensemble de l'allocation de 80,000 fr. pour les deux délégués n'est que la
reproduction d'une allocation de 35,000 fr. votée pour frais de presse,
en 1839, dans la séance du 26 décembre.

Dans le Mémoire de l'avocat, le fait, aussi insoutenable que le principe en présence des procès-verbaux authentiques, est abandonné
comme le principe l'a été, et on ne raisonne plus que sur la légalité de
l'emploi des fonds votés.

C'est dans ce raisonnement, dernière retraite de notre adversaire,
que nous allons le poursuivre.

---

(1) Extrait du Mémoire produit par le ministre.

Vous reconnaissez que les affectations autorisées sont de 70,000 fr. à titre de traitement, et de 10,000 fr. à titre de frais de bureau et de secrétariat ; mais vous prétendez que, *si, en fait, les sommes sont appliquées, non à former le traitement des délégués, non à solder les frais de bureau et de secrétariat, mais à subvenir à des dépenses d'une autre nature, dont l'article auquel elles appartiennent ne contient pas la moindre indication*, la destination que ces sommes reçoivent n'étant pas autorisée, la sanction du budget ne peut être invoquée comme établissant un droit en faveur des délégués, pour se faire payer le montant intégral de ces allocations.

La sanction, dites-vous, ne valide que ce qui est énoncé dans chaque article. Or, à l'article où le traitement des délégués est porté, il n'est pas question de frais de presse : donc la sanction n'a pas validé la destination que vous donnez à ces fonds, en les employant à solder des dépenses de presse.

Ce raisonnement est parfaitement clair; mais il est parfaitement faux.

S'il fallait que les sommes votées à titre de traitement ne fussent sanctionnées par la signature du roi qu'autant que le destinataire les emploierait comme traitement, il faudrait d'abord définir ce qu'on entend par le traitement; car, si la dépense en frais de presse d'une somme votée à titre de traitement annule la sanction à l'égard du destinataire, parce qu'il change l'affectation consentie par la couronne, on peut en dire autant de la dépense de cette même somme en futilités de toute espèce et en mauvaises actions. Il faudra donc soumettre le titulaire à une sorte d'inquisition, pour savoir ce qu'on a le droit de lui retenir et ce qu'il a le droit d'exiger. Il faudra mettre de côté le vote des Conseils et les titres officiels et légaux des parties, pour tout réunir dans une enquête odieuse et heureusement impossible; et encore, dans ce système inouï d'arbitraire, on ne pourrait procéder *a priori*, qu'en supposant pour l'avenir un emploi de fonds qu'on a besoin de signaler comme un fait! Le Conseil du ministre dit que l'article du budget dont se prévalent les délégués ne contient pas la moindre indication des dépenses de presse faites sur les sommes votées pour traitement. Mais cet article ne contient pas non plus la moindre indication des dépenses de voyages, de jeux, de cadeaux, etc., faudra-t-il que toutes ces dépenses soient considérées comme non sanctionnées dans le budget par la signature de la couronne, et qu'elles donnent lieu à une retenue? Où sera la mesure? où sera la preuve? où sera le moyen d'appréciation? Quelle justice, quelle convenance et aussi quelle possibilité y aurait-il de réaliser dans la pratique cette inqualifiable théorie de distinctions !

Nous croirions outrager le Conseil d'état si nous insistions plus longtemps.

De toute nécessité, il faut accepter cette définition du traitement : qu'il est une valeur abandonnée à la libre disposition du destinataire, conformément aux vues de celui par qui le traitement est fixé.

Un traitement est une propriété; celui qui y a droit en peut user et abuser. Ce n'est donc pas la destination qu'il lui donne qui le rend légitime, c'est le titre qui le lui alloue.

Mais quelle confusion dans le raisonnement de notre adversaire ! C'est la fausseté des doctrines unie à la confusion des faits.

Le traitement des délégués est voté une seule fois par chaque législature : on le suppose toujours voté au budget.

Les frais de bureau ont été votés annuellement au budget : on les suppose votés avec le traitement.

Cependant, avant que le désir d'atteindre les délégués dans leur indépendance quant au traitement eût créé la nécessité de cette confusion, le département de la marine distinguait parfaitement, dans la pratique, ces deux sortes d'allocations. Nous en pouvons citer un exemple, qui nous est personnel.

Lorsqu'en 1842, le 6 mars, M. Dejean de La-Bâtie fit reconnaître son titre de délégué, le paiement des dépenses coloniales se faisait encore, à Paris, sous l'empire du budget de 1841, celui de 1842 n'étant pas encore parvenu au ministère.

Or, dans ce budget de 1841, le traitement des délégués n'était porté qu'à la somme de 20,000 fr. pour chacun, comme cela devait être, seulement pour ordre.

Il suffit néanmoins de faire voir que, dans la séance du 5 septembre 1841, notre traitement avait été porté à 35,000 fr., pour que l'ordonnancement eût lieu sur ce pied, sans égard au budget en exercice.

Il n'en fut pas de même pour les frais de bureau. Nos prédécesseurs, MM. Laurence et Ruyneau de Saint-George, avaient touché ensemble mensuellement le douzième de la somme de 5,000 fr. votée pour cet objet en 1841 ; mais le ministre, jugeant que l'élévation de notre traitement devait faire présumer la suppression des frais de bureau, refusa provisoirement de nous continuer l'allocation faite à nos prédécesseurs. Ce débat se termina en novembre par un rappel des frais de bureau sur le pied de 5,000 fr. pour les deux délégués, ou 2,500 fr. pour chacun, lorsque l'arrivée du budget fit connaître que l'allocation de 5,000 fr. pour frais de bureau avait été continuée en 1842, malgré l'élévation du traitement des délégués à 35,000 fr.

On était alors dans les véritables principes. Le traitement était payé d'après la fixation du Conseil colonial, sans égard au budget de l'exercice ; les frais de bureau l'étaient conformément à ce budget.

L'application du principe se renouvela en 1843.

A l'arrivée du budget, en octobre, on vit que les frais de bureau avaient été portés au taux où ils sont restés depuis, c'est-à-dire à 10,000 fr.; et ce fut sans difficulté que nous obtînmes un rappel pour la partie de l'allocation que nous n'avions pas touchée depuis janvier 1843.

Telle a été la pratique du ministère jusqu'à ce jour, et cette pratique, il faut le reconnaître, est de tout point conforme aux principes de la justice aussi bien qu'aux règles de l'administration.

Cet exemple est concluant, en ce qu'il prouve combien est nouvelle et imprévue, combien est isolée et exceptionnelle, dans la pratique administrative, la doctrine élevée par les lettres des 6 août 1845 et 27 février 1846, et par le Mémoire du ministre, contre la marche régulière et traditionnelle des affaires de la délégation, dans les années précédentes.

Mais ce qui achèvera de convaincre le Conseil d'état du droit des délégués et de la justice de leur réclamation, c'est la démonstration que nous allons donner des contradictions que contient le raisonnement ministériel, en tant qu'il a pour objet de prouver que le traitement des délégués cesse d'être traitement et devient susceptible de réduction s'il contient des sommes affectées à d'autres dépenses que celles qui constituent l'entretien personnel.

Le ministre, en annonçant que le traitement des délégués sera soumis à l'avenir à un maximum, déclare que ce maximum fixé par lui à 25,000 fr., comprend les frais de bureau.

« Je chargerai, dit-il, MM. les gouverneurs de représenter aux Conseils coloniaux, avec tous les égards dus à ces assemblées, que ces fixations auront à l'avenir pour maximum le taux de 25,000 fr., *y compris les frais de bureau.* »

Ainsi ce que M. le ministre blâme comme illégal dans son Mémoire et comme lui donnant le droit de réduire la fixation des Conseils, il le reconstitue immédiatement; il l'accepte et le reconnaît nécessaire, en admettant que son maximum renfermera encore *des frais de bureau,* c'est-à-dire des dépenses qui ne sont point personnelles et dont la quotité n'est pas fixée.

M. le ministre ne change donc rien aux éléments qu'il a supposés mal à propos constitutifs du traitement voté le 3 septembre 1841 et le 25 mai 1842, et qu'il a voulu distinguer et séparer; il en réduit seulement les proportions, et, du reste, il en consacre la réunion imaginaire. Il réalise cette réunion, qu'il annonçait vouloir empêcher et qu'il semblait condamner.

En effet, on demandera à M. le ministre si les délégués jouissant du maximum fixé par lui à 25,000 fr., et qui comprend des frais de bureau, pourront ou ne pourront pas légitimement, à son avis, employer une partie de ces 25,000 fr. à des dépenses de presse; si l'emploi à cet usage d'une partie du traitement ne pourra pas être entendu entre eux et leur

Conseil colonial ; si ce partage ouvrira au ministère un nouveau droit de réduction.

Dans le vote des Conseils qui ont porté le traitement des délégués à 35,000 fr., il y a, selon le ministre, une somme de 15,000 fr. étrangère au traitement.

Dans celui de 25,000 fr., il y a une somme indéterminée qui a le même caractère.

Ce n'est donc pas un principe que le ministre veut fonder, ce n'est pas un abus qu'il veut réformer, c'est un chiffre qu'il veut abaisser.

Peu lui importe que le traitement contienne ou ne contienne pas une allocation distincte pour frais étrangers au traitement personnel, cette allocation il l'accorde jusqu'à concurrence de 5,000 fr., pourvu que le traitement ne s'élève qu'à 20,000 fr. ; il l'accorderait jusqu'à concurrence de 15,000 fr. si le traitement ne devait s'élever qu'à 10,000 fr. Ce qu'il veut, c'est que les délégués n'aient la libre disposition que d'une somme fixée par lui, et non d'une somme fixée par le Conseil ; d'une somme suffisante dans sa pensée aux besoins de la délégation , et non d'une somme proportionnée par les Conseils eux-mêmes à l'étendue de ces besoins, dont ils sont les seuls juges reconnus par la loi, qui a dit :

Le Conseil colonial nomme, dans sa première session, les délégués de la Colonie, ET FIXE LEUR TRAITEMENT.

Certes, la discussion pourrait s'arrêter ici ; nous croyons nos démonstrations complètes,

Soit que nous ayons voulu prouver l'illégalité de l'acte ministériel en tant que soumettant la fixation du traitement des délégués à un maximum arbitraire (lettre du 6 août 1845) ;

Soit que nous ayons voulu prouver l'erreur qui a suivi l'abandon de cette prétention illégale, lorsque le ministre a établi comme un fait que le traitement voté le 3 septembre 1841 et le 25 mai 1842 était composé d'une allocation de 35,000 fr. pour frais de presse , d'une autre allocation de 5,000 fr. pour frais de bureau, et de 40,000 fr. seulement pour les deux délégués (lettre du 27 février 1846) ;

Soit que nous ayons eu à faire voir le vice du raisonnement de l'avocat du département de la marine, lorsque, abandonnant à son tour le
fait erroné que le ministre avait donné pour base à sa lettre du 27 février, il a prétendu que la sanction manquait de droit à une portion des
sommes votées à titre de traitement, si, de fait, cette portion était affectée à des dépenses non personnelles (Mémoire du ministre);

Soit enfin que nous ayons voulu établir la contradiction qu'il y a à
fixer pour le traitement des délégués un maximum arbitraire de 25,000
fr., qui contient une allocation pour frais de bureau étrangère au traitement personnel, et à fonder le droit de réduire la fixation des Conseils
sur l'introduction supposée d'un élément semblable dans le chiffre du
traitement des délégués (lettre du 27 février 1846).

Nos démonstrations n'ont pas été moins claires lorsque nous avons
eu à établir la netteté du vote qui a, conformément à la loi., fixé le traitement des délégués à diverses époques, et à dégager cette fixation,
faite à titre de traitement, en dehors des budgets, des allocations votées
annuellement à ces budgets pour frais de bureau ou pour abonnements
aux journaux et autres dépenses de presse.

Nous espérons n'être pas moins heureux en cherchant à justifier à
présent (chose, au reste, que nous reconnaissons surabondante) le chiffre
même du traitement le plus élevé voté par le Conseil colonial en 1841
et 1842, et tout récemment encore en 1846.

En effet, le droit de fixer le traitement des délégués étant dévolu aux
Conseils coloniaux, ceux-ci ont dû avoir égard, dans cette fixation, à
deux considérations également légitimes :

La première, relative aux besoins personnels du délégué et de sa famille, à sa position, à ses sacrifices;

La seconde aux besoins de la fonction elle-même, à ses embarras, à
ses luttes et aux difficultés plus ou moins grandes de la mission.

C'est une bien singulière idée que celle de recourir à la première
fixation du traitement des délégués pour en déduire la convenance ou la
légalité des fixations ultérieures, comme si c'était au début, et avant
toute expérience, que les Conseils coloniaux ont dû le moins errer dans

 jeur fixation ; comme si le changement des personnes et le changement des circonstances ne devaient avoir aucune influence sur ces fixations, et que la première législature dût à jamais enchaîner, par un vote encore hasardé et peu éclairé, toutes les législatures subséquentes que la plus longue pratique des affaires aura mieux instruites des besoins et des convenances de leur mission.

L'objection tirée de la comparaison des traitements accordés aux directeurs des départements ministériels n'est pas plus solide. Au lieu de s'attacher à cette comparaison, qui n'a rien de juste, il fallait considérer le déplacement d'un père de famille avec une femme et cinq enfants, les dangers d'une longue traversée et d'un acclimatement difficile, l'abandon des propriétés dans un pays où tout périclite en l'absence du maître, la difficulté de retrouver à Paris, à un âge où l'on ne change pas impunément de façon de vivre, l'aisance et les douceurs dont vingt-six ans de colonie ont fait une habitude et par conséquent un besoin.

Si l'on considère, indépendamment de ces conditions exceptionnelles dans lesquelles un colon peut se trouver à Paris, les charges qui accompagnent les fonctions de la délégation, on reconnaîtra que les 35,000 fr. votés en 1841 et 1842 étaient à peine une indemnité suffisante pour l'un des délégués de l'île Bourbon ; et, quant à l'autre, qu'il soit permis à l'auteur de ce Mémoire de ne pas abaisser à la discussion d'un chiffre la haute dignité, la position élevée et le caractère plus élevé encore de son collègue absent.

Certes, Messieurs, il nous aurait été facile de détruire, sans le secours du raisonnement et par le simple exposé de nos dépenses personnelles, toutes les argumentations diverses et successivement employées par le ministre pour établir à son profit le droit ou la convenance de la réduction, c'est-à-dire des sacrifices qu'il nous impose.

Cet exposé est contenu dans une note qui passera sous les yeux du Conseil d'état. Il y verra que les dépenses personnelles de l'un des délégués atteignent forcément les 20,000 fr. jugés suffisants par le ministre, avant que les besoins de sa table et de son entretien soient assurés ; et si cette note ne suffit pas, le livre de ses dépenses lui-même fournira la preuve qu'en ne tenant compte que des dépenses personnelles, dans le sens le plus strict du mot, depuis le départ de l'île Bourbon jusqu'à ce jour, on arrive à une moyenne de 2,700 fr. par mois.

Si à ces dépenses il fallait joindre celles qui, d'après le ministre, ne sont point personnelles, telles que les frais de bureau et les dépenses de journaux, de publication, de secrétariat et d'impression, le Conseil d'état verrait qu'elles s'élèvent à plus du double, et alors il reconnaîtrait bien que ce n'est pas avec 35,000 fr. de traitement et 5,000 fr. de frais de bureau qu'il y a été pourvu.

Jamais le ministre n'a prétendu que la délégation dût être une charge pour le délégué. Il a cru que la somme de 20,000 fr. devait lui suffire, et il s'est trompé. Mais, quand il serait vrai qu'un colon pût vivre à Paris honorablement et en digne représentant de son pays avec un traitement de 25,000 fr., frais de bureau et de secrétariat compris, comment ne pas reconnaître que la fixation du traitement par le Conseil colonial à 35,000 fr. autorisait le délégué à monter sa maison sur ce pied, et lui en faisait même un devoir ; que dès lors la réduction n'a pas seulement pour effet de supprimer ses dépenses de presse, mais qu'elle bouverserait son existence en changeant une position à laquelle il a un droit acquis.

Ici, nous avions seulement pour but de prouver que le traitement de 35,000 fr. n'a pas, à ne considérer que la position des délégués et leurs besoins personnels, cette exagération que lui reproche M. le ministre ; et, il ne faut point cesser de le répéter, cette exagération fût-elle réelle, les délégués eussent-ils 10,000 fr. à économiser sur le traitement de 35,000 fr., ce serait encore leur droit, comme ce le serait également de dépenser cet excédant en publications et en abonnements aux journaux, s'ils étaient assez désintéressés pour faire passer l'intérêt de leur colonie avant celui de leur propre fortune.

Mais, de bonne foi, est-ce seulement sur les besoins personnels et matériels du délégué et de sa famille que les émoluments de ses fonctions ont dû être calculés ? La nature de sa mission ne devait-elle entrer pour rien dans cette fixation ? N'a-t-on pas dû pourvoir aux nécessités morales aussi bien et encore plus qu'aux nécessités matérielles, puisqu'on ne subit la charge de celles-ci qu'en considération des autres? Et si les Conseils coloniaux avaient eu assez de sagesse pour prévoir qu'un simple mécontentement du ministre dût priver la délégation des ressources sagement préparées au budget pour la défense des intérêts coloniaux par la presse quotidienne, n'avaient-ils pas le droit, ces Conseils, de porter le traitement des délégués de leur colonie à un taux qui leur permît d'accomplir par eux-mêmes l'objet essentiel, l'objet unique de leur mission ?

Mais, sans pousser si loin une prévoyance injurieuse, que l'événement aurait cependant justifiée, les Conseils coloniaux ne devaient-ils pas comprendre que les publications de leurs délégués avaient souvent à suppléer ou à combattre une presse indifférente ou malveillante, et n'était-il pas de leur prudence d'imposer à leurs délégués une existence et des rapports sociaux, une propagande et une action sur l'opinion publique, en dehors de la presse quotidienne, qu'on ne peut assurer que par certaines ressources financières exclusivement personnelles?

Ni les délégués ni les Conseils ne sauraient être blâmés de donner cet objet aux émoluments de la délégation, puisque c'est l'objet légal de la délégation elle-même.

La loi a certainement prévu, en instituant des Conseils coloniaux, qu'ils pourraient n'être pas toujours d'accord avec le ministre sur certains points de la législation coloniale : elle a certainement prévu qu'en donnant à ces Conseils des délégués chargés de suivre, près le gouvernement du roi, l'effet de leurs délibérations et même de leurs *vœux,* il pourrait arriver que ces fonctionnaires fussent peu agréables au ministre et se trouvassent en opposition avec lui.

Dès lors il fallait qu'ils fussent indépendants de ce même ministre, et dans leur caractère, par l'élection, et dans leur position, par la fixation du traitement.

Ce n'est donc pas une confiance téméraire qui nous fait recourir, pour le maintien de cette indépendance, au corps chargé par les constitutions de l'état de maintenir le vœu et les effets de la loi, dans les relations où le pouvoir ministériel est intéressé.

RÉSUMÉ ET CONCLUSION.

Au fait, nous ne demandons que l'exécution de la loi, et le maintien, à l'égard des délégués, des principes reconnus et pratiqués jusqu'à ce jour par le gouvernement.

Le traitement des réclamants a été fixé à 35,000 fr. par le Conseil colonial, dans sa première session, lorsqu'ils ont été nommés délégués de la colonie. Ils demandent à jouir de ce traitement tel qu'il a été voté et comme tous les délégués en ont toujours joui, comme ils en ont joui eux-mêmes, sans conteste, jusqu'au 1ᵉʳ janvier 1846.

On proclame ce principe : que *l'autorité souveraine des budgets coloniaux, légalement rendue exécutoire, ne peut être attachée qu'aux affectations telles qu'elles y sont inscrites.*

Nous demandons précisément que cette autorité reste attachée à l'affectation de la somme de 80,000 fr., telle qu'elle est inscrite, savoir :

> Pour traitement des deux délégués. . . 70,000 fr.
> Pour frais de bureau. 10,000
>
>   Total. . . . 80,000 fr.

La première somme ainsi portée pour ordre, comme résultant de la fixation du 3 septembre 1841 et du 25 mai 1842, et la seconde comme votée au budget de l'exercice.

Nous disons que le ministre n'a pas le droit de refuser l'ordonnancement de ces sommes, et qu'en le faisant il viole les règles constitutionnelles aussi bien que les lois coloniales, il fait aux délégués un tort matériel et porte aux Colonies un préjudice moral très grave.

Nous n'acceptons point la distinction établie par l'organe du ministre entre une décision de Son Excellence et une décision délibérée en conseil de cabinet. Dans les relations de l'administration avec les administrés, le ministre ne peut être distingué du gouvernement ; ces deux autorités n'en font qu'une, car un ministre n'agit jamais dans le cercle de ses attributions que comme organe du gouvernement, soit en vertu de la délégation générale qu'il a reçue comme ministre secrétaire d'état, soit en vertu d'une délibération spéciale du conseil des ministres. L'acte qui émane du pouvoir dans ces deux cas a le même caractère et ne peut produire que les mêmes effets. La distinction est donc oiseuse, et il importe de la relever afin qu'on ne s'en prévale pas, plus tard, pour exagérer l'autorité de la décision attaquée et pour en déduire l'incompétence du conseil d'état. Il arrive tous les jours que les ministres consultent le conseil pour des mesures de leur département. Ils peuvent le faire dans tous les cas. Ce n'est donc point cette précaution qui peut les soustraire à la juridiction du conseil d'état, mais seulement la nature des actes qui deviennent l'objet d'un pourvoi.

Quant aux allocations portées aux budgets, soit pour frais de bureau, soit pour la défense des intérêts coloniaux par la presse, nous nous réservons de faire usage de nos droits lorsqu'un refus illégal d'ordonnancement nous ouvrira une action contre le ministre; jusque là, nous n'avons qu'à protester contre une disposition qui tendrait à faire regarder ces allocations comme nulles et non avenues, ayant été légalement votées et ayant reçu, par l'exécution du budget, toute la sanction dont elles sont susceptibles.

Dès à présent nous aurions à réclamer pour les frais de bureau, si la décision ministérielle contre laquelle nous nous sommes pourvus expliquait assez clairement que l'allocation de ces frais n'est pas maintenue.

Mais, bien que la décision, par la confusion qu'elle établit entre les frais de bureau et le traitement, soit l'équivalent de la suppression de ces derniers, il semble néanmoins résulter des explications données par le ministre que c'est le traitement qui est réduit à 20,000 fr., et que les frais de bureau sont conservés au taux indiqué par le budget.

S'il en est ainsi, les délégués, qui ont dû néanmoins discuter la question parce qu'elle était mêlée à celle du traitement, n'auront point actuellement de conclusion à prendre en ce qui concerne spécialement les frais de bureau qui leur sont alloués par le budget.

Nous savons que les allocations ayant pour objet des dépenses de presse ne sont que prévisionnelles; qu'elles ne doivent point être mises à la libre disposition des délégués, comme les frais de bureau, mais qu'elles sont destinées à acquitter des dépenses réelles, justifiables, et justifiées par les factures des parties prenantes.

Nous ne refusons point la juridiction du ministre, sauf recours au Conseil d'état, pour la mise en règle des pièces; mais nous disons que ces dépenses, appartenant au budget du service local, doivent être approuvées en France d'après les mêmes principes et dans les mêmes formes qu'elles le seraient dans la colonie, et que c'est là une des principales circonstances où l'on doit reconnaître aux délégués le droit d'intervenir comme agents auprès du gouvernement du roi, pour suivre l'effet des vœux et des délibération du Conseil colonial.

Il nous resterait à examiner un cas bien grave, celui de la rétroactivité de la mesure ministérielle, qui, en modifiant le traitement des délégués, change, avant l'expiration du terme de leur mission, toutes les conditions du contrat qui s'est formé entre eux et la colonie, et qu'ils ont accepté.

Les conséquences de cette acceptation ont été le départ pour la France, avec sa femme et cinq enfants, de celui des deux qui habitait la colonie depuis 26 ans; l'abandon de sa propriété et de son établissement, qu'il dirigeait en personne depuis 1824; le changement de toutes ses habitudes, et son installation à Paris, où il n'était jamais venu.

Plein de confiance dans la position que lui avait assurée le Conseil colonial, il s'est fait à Paris une existence analogue à cette position.

Son loyer, son mobilier, ses engagements, ont été basés sur des données légales.

Si donc, contre ses espérances, la doctrine du ministre était acceptée, encore ne le pourrait-elle pas être pour la période antérieure à l'époque à laquelle les délégués ont pu être mis en demeure d'accepter ou de refuser un nouveau mandat.

La décision du ministre, dans cette hypothèse, ne pourrait avoir d'effet qu'à partir du 10 juin 1846, et cela serait ainsi quand même la première fixation aurait été faite par le ministre lui-même.

Car, si la loi, au lieu d'être ce qu'elle est, attribuait au ministre le droit qu'elle n'attribue qu'aux Conseils coloniaux de fixer le traitement des délégués, cette fixation, une fois prononcée et acceptée, devrait être respectée par son auteur pour toute la période que la loi assigne au mandat de la délégation, et ne pourrait être modifiée qu'à l'occasion d'une élection nouvelle.

Mais nous ne livrons cet aperçu au conseil d'état que pour faire voir jusqu'où va l'erreur contre laquelle les délégués de l'île Bourbon réclament, et nous ne saurions nous restreindre à un raisonnement qui suppose les dispositions législatives de l'espèce tout autres qu'elles ne sont.

Les délégués de l'île Bourbon demandent donc à être maintenus dans la position financière que le Conseil leur a faite.

Ils pensent que cette position ne peut être changée qu'à une nouvelle élection, par la volonté de ceux que la loi a chargés de nommer les délégués de la colonie et de fixer leur traitement. Lorsqu'elle sera changée, il leur appartiendra de voir s'il leur convient de l'accepter telle qu'on la leur aura faite, ou de la refuser; mais ce n'est pas la volonté du ministre qui peut les placer dans une telle alternative.

DEJEAN DE LA BATIE.

SUPPLÉMENT.

Depuis que ce Mémoire est rédigé, la dissolution du Conseil colonial a été prononcée deux fois. Deux fois aussi il y a eu lieu à une nouvelle nomination de délégués, et par conséquent à une nouvelle fixation de traitement.

Il s'est passé à cette occasion des faits qui méritent d'être rapportés ; ils viennent à l'appui de plusieurs passages importants de notre Mémoire.

Nous avons établi en principe que le traitement des délégués est étranger aux exercices financiers, et n'est porté au budget que pour ordre ; cette doctrine, fondée sur le texte même de la loi, est justifiée par le procès-verbal de la séance du 21 février 1846, que nous rapportons plus bas.

Nous avons considéré la lettre du ministre de la marine du 6 août 1845 non comme la notification d'une décision réduisant le traitement des délégués à un maximum de 25,000 fr., mais comme l'expression d'une intention qui ne pouvait être légalement satisfaite que par un nouveau Conseil colonial, à une nouvelle élection de délégués, et que le ministre avait la prétention non fondée de faire réaliser au budget par le vote des Conseils coloniaux ; la preuve de cette tendance résulte clairement du même procès-verbal.

Enfin nous avons cité les passages de la séance où notre traitement avait été fixé, pour démontrer que les suppositions du ministre et ses interprétations sont mal fondées quand il décompose le chiffre de

80,000 fr., comprenant le traitement et les frais de bureau attribués aux deux délégués, en un traitement de 40,000 fr. et une allocation de 35,000 fr., votée en 1839 et reproduite le 3 septembre 1841, à laquelle on aurait ajouté plus tard 5,000 fr. pour frais de bureau.

Nous avons soutenu que le chiffre de 80,000 fr. se composait de 70,000 fr. pour le traitement des deux délégués, fixé par le Conseil colonial, en dehors du budget, le 3 septembre 1841 et le 25 mai 1842, et de 10,000 fr. votés au budget pour frais de bureau en 1843. Le procès-verbal qu'on va lire est une nouvelle preuve de ce que nous avons affirmé.

Extrait du procès-verbal de la séance du Conseil colonial de l'île Bourbon du 21 février 1846.

« M. LE PROCUREUR GÉNÉRAL : Messieurs, le traitement des délégués
» figure au budget. Cela est plus naturel, et votre vote aujourd'hui ne
» serait peut-être pas régulier. Il n'y a guère au monde que la liste
» civile qui se vote en dehors du budget, et il n'en peut-être de
» même du traitement des délégués. Je ferai encore observer au Con-
» seil que la votation du chiffre relatif à la délégation hors du budget,
» et avant la nomination des délégués, ne se trouve pas à sa place.
» C'est une somme que vous accordez de confiance à ceux que vous
» chargez de vos intérêts en France, et en la votant avant leur nomi-
» nation vous la donnez au hasard. Il n'en est pas de même si vous ne
» la votez qu'après; vous savez à qui vous la donnez, et elle peut être
» modifiée suivant les individus qui doivent en jouir.

» Les commissaires du gouvernement estiment qu'il n'est pas conve-
» nable de déplacer le vote du traitement des délégués, et pensent que
» le Conseil devait attendre, pour l'émettre; qu'il y fût amené par la
» discussion des articles du budget.

» M. LE PRÉSIDENT : Le traitement des délégués ne figure que pour
» ordre au budget. La loi veut que le vote en soit émis dans la première

» session de chaque législature, pour toute la durée de cette législa-
» ture; et le règlement dit d'une manière positive qu'il doit être fixé
» avant la nomination des délégués, parce qu'il doit l'être, abstraction
» faite des individus.

» M. Patu de Rosemont : Le budget doit en effet comprendre les
» traitements des délégués, puisque c'est un article de dépense, mais
» le vote est indépendant du budget et doit avoir lieu avant la nomina-
» tion. Sur chaque budget le traitement ne figure que pour une année,
» tandis que c'est un engagement que la législature prend pour toute sa
» durée.

» M. le Président : Messieurs, voici l'article du règlement :

« Art. 120. Le traitement sera toujours voté et les instructions rédi-
» gées avant l'élection. »

» C'est donc aujourd'hui que vous devez voter ce traitement, qui
» toujours a été voté en dehors du budget.

» M. le Procureur général : Je crois, Messieurs, que vous pour-
» riez néanmoins ne voter qu'au budget; cela ne reportera pas votre
» vote après la première session, ni même après la nomination des délé-
» gués, car votre budget va sans doute, avant jeudi, soumettre cet
» article de dépense à votre vote, et vous vous serez conformé à votre
» règlement, tout en votant d'une manière plus régulière.

» M. le Président propose de voter dès à présent le traitement des
» délégués.
» Cette proposition, mise aux voix, est adoptée.
» Personne ne faisant d'observation sur le chiffre de 35,000 fr. pro-
» posé pour le traitement de chacun des délégués, ni sur celui de 5,000
» francs accordé à chacun d'eux pour frais de bureaux, M. le Président
» soumet leur adoption au scrutin secret.

» Le dépouillement du scrutin amène les résultats suivants :

» 17 votants,

» 15 boules blanches,

» 2 boules noires.

» Le Conseil adopte.

» L'ordre du jour porte la lecture du mémoire à M. le gouverneur
» pour la police des engagés.

» La discussion du mémoire est renvoyée au 24 courant.

» M. le Président donne lecture d'une lettre qu'il vient de recevoir
» de M. le gouverneur.

» M. le gouverneur lui fait savoir que M. le ministre de la marine de-
» mande que le traitement des délégués reste fixé à 25,000 fr. pour
» chacun d'eux, et que, si la colonie destine des fonds pour frais divers
» et pour paiement d'articles de presse, il y soit pourvu par voie de
» crédits extraordinaires par décrets spéciaux.

» Je ne pense pas, Messieurs, ajoute M. le président, que cette récla-
» mation de M. le ministre de la Marine regarde les délégués de notre
» colonie; je ne sache pas que jusqu'à présent la métropole ait rien eu
» à payer pour nos délégués en comptes d'impression, articles de presse
» ou autres. C'est peut-être pour les autres colonies ; mais alors cette
» réclamation ne nous est pas applicable. »

» Du reste, le Conseil veut-il revenir sur le vote qui vient d'avoir
» lieu pour traitement et frais de bureau accordés aux délégués ?

» Je mets aux voix cette proposition.

» Le Conseil ne l'adopte pas.

» M. le Procureur général : La lettre de M. le gouverneur est le ré-
» sultat d'une communication qui a été faite au Conseil des délégués
» le 6 août 1845. Je suis d'autant plus étonné, Messieurs, que vous
» n'ayez pas été informés de cette communication, qu'elle tend à re-
» streindre le traitement des délégués et à ramener la délégation
» aux termes ordinaires fixés par la loi de finances de 1841. Or, dans
» les dépenses des délégués, il y a telles dépenses de presse qui ne

» peuvent être justifiées par des comptes exacts. M. le ministre a d'a-
» bord dû prendre sous sa responsabilité de laisser aller momentanément
» les choses, pour régler ensuite d'une manière déterminée le traite-
» ment des délégués et leurs dépenses diverses. Pour le premier objet,
» il vous rappelle un chiffre fixé dans le principe; et, pour les dépenses
» accessoires, telles que celles d'insertions d'articles dans les journaux
» ou de publications diverses, il vous renvoie à des décrets spéciaux
» Il sait que des dépenses de presse sont indispensables, mais il de-
» mande qu'elles soient précisées. Nous présenterons à cet effet des dé-
» crets que vous voterez. Voilà en quel sens M. le ministre de la marine
» dit de vous faire cette communication. Si vous croyez devoir faire un
» Mémoire à M. le gouverneur pour opposer des représentations à la
» réclamation qui vous est faite, vous le pouvez; mais je regrette,
» Messieurs, qu'avant de donner votre vote, vous n'ayez pu avoir con-
» naissance de la lettre de M. le gouverneur, et qu'il ne vous ait pas été
» possible de l'examiner dans les bureaux avant cette discussion : vous
» auriez su du moins sur quel terrain vous vous trouviez.

» M. Patu de Rosemont : Je crois, Messieurs, que, si nous étions en
» correspondance avec M. le ministre de la marine, la seule réponse
» que nous aurions à lui faire serait de lui envoyer sous enveloppe
» l'art. 19 de la loi d'avril 1833, et de lui demander s'il veut se mettre
» au dessus de la loi. La loi laisse le Conseil complétement libre dans
» cette question. Il y a beaucoup de choses que l'on peut faire par la
» force, mais quant à changer un droit, rien ne le peut. La loi est là,
» pour le ministre, pour le roi lui-même, comme pour nous; elle est
» plus forte que tous. Elle nous confère le droit de faire, à l'endroit du
» traitement et des frais de bureau des délégués, ce que nous jugerons
» convenable, et aux délégués le droit de disposer de ces fonds comme
» bon leur semblera; s'ils veulent en consacrer une partie à la presse,
» cela ne regarde pas le ministre; ils sont libres.

» M. de Greslan : Sans doute, il était plus convenable, plus régulier,
» que le Conseil eût connaissance de la dépêche de M. le gouverneur

» avant la votation du traitement des délégués ; mais il est fort douteux
» que ce vote eût été autre que celui qui vient d'avoir lieu. Le Conseil
» est dans l'obligation de voter ce traitement dans la première session
» de chaque législature, mais il est maître d'en fixer le chiffre comme
» il l'entend, d'abord parce que c'est la colonie seule qui supporte cette
» dépense, ensuite parce que le Conseil est souverain à cet égard. Cette
» fixation le regarde, et ne regarde que lui. Il ne peut ni ne doit, à cet
» égard, accepter un second degré de juridiction, et le ministre se
» trompe quand il croit pouvoir imposer des limites à l'exercice d'un
» droit pareil.

» M. LE PRÉSIDENT : D'après la lettre de M. le gouverneur, M. le mi-
» nistre de la marine semble croire que le Conseil colonial dissimule
» l'emploi des fonds qu'il vote pour les délégués, et qu'une partie du
» traitement qu'il leur accorde est destinée à des dépenses de presse. Eh
» bien ! cela serait-il, que M. le ministre n'aurait pas le droit de le criti-
» quer. Je répondrai un mot à M. le Procureur-général. Si je n'ai pas
» donné plutôt connaissance au Conseil de la lettre de M. le gouver-
» neur, c'est parce qu'elle ne me parvient qu'à l'instant. Du reste j'ai
» proposé au Conseil de revenir sur son vote. Le Conseil était alors
» éclairé sur les réclamations de M. le ministre de la marine. »

. . . .

Ainsi il est évident que le traitement des délégués a toujours été voté par le Conseil en dehors du budget, où il n'a été porté annuellement
que pour ordre.

Quant aux frais de bureau, s'ils sont distincts du traitement, comme
ils l'ont été depuis 1840, nous avons établi qu'ils devaient être votés
annuellement au budget, et nous croyons en effet que rigoureusement
on pourrait exiger qu'il en fût ainsi, et ne pas reconnaître au vote qui aurait lieu pour ces frais, en dehors du budget, la permanence qu'a la fixation du traitement pour toute la durée de la législature ; mais c'est
une concession que nous avons voulu faire aux exigences ministérielles.

La doctrine contraire, qui aurait pour objet d'assimiler les frais de bureau au traitement, peut sans doute être soutenue, et l'opinion du ministre qui veut que son maximum de 25,000 fr. comprenne les frais de bureau est un argument en sa faveur. La pratique du Conseil depuis 1834 jusqu'en 1840 l'a justifiée, puisque durant cette période le traitement des délégués comprenait les frais de bureau et n'en était point distingué.

Cette distinction, en effet, est inutile, puisque les frais de bureau, de quelque manière qu'ils soient votés, sont mis à la disposition des titulaires pour être, par eux, employés à leur gré et sans contrôle. Ils peuvent donc indifféremment être compris dans le traitement ou en être séparés ; le ministre admet qu'ils y soient compris. Or, ces frais pourraient évidemment être employés à des dépenses de rédaction pour la presse, d'achat de numéros de journaux et revues, ou d'abonnements, comme en dépenses de secrétaire, de copiste, d'impressions et de poste. Des frais de bureau, votés avec le traitement et confondus avec lui, n'en seraient pas moins légalement votés, pour avoir cet objet, puisque c'est le seul qu'ils puissent avoir et que le ministre lui-même les confond avec le traitement, dans sa fixation arbitraire d'un *maximum* : l'élévation du traitement, en vue de tels frais, échappe donc à toute critique et n'a rien que de très naturel et de très légal, puisqu'il n'y a plus qu'une question de quotité et que le Conseil colonial a seul le droit de la fixer.

Pour soutenir sans inconséquence la doctrine qui recherche dans le traitement deux éléments distincts, l'un essentiel et inaccessible aux atteintes ministérielles, l'autre accessoire et réductible au gré du ministre, il ne faudrait pas reconnaître en principe la confusion des frais de bureau avec le traitement comme le ministre la reconnaît; il faudrait, au contraire, soutenir, avec nous, que le traitement et les frais de bureau sont choses tout à fait distinctes, et que ceux-ci doivent toujours être votés à part ; encore cela ne suffirait-il pas. Il faudrait, de plus, soutenir que les frais de bureau, votés à part, ne doivent pas être mis à la disposition des délégués, comme représentant la défense à forfait du secrétariat général et particulier des délégués, car autrement la distinction serait vaine, et alors on se trouverait encore ici en dehors de tous les principes.

Eh bien ! cette doctrine même laisserait intact le traitement de 35,000 fr. votés pour les délégués de l'île Bourbon, puisqu'il est prouvé que ce chiffre ne comprend pas les frais de bureau qui ont été votés séparément sur le pied de 5,000 fr. pour les deux délégués, en 1842 comme en 1841, et sur le pied de 10,000 fr. en 1843, 44, 45 et 46.

Enfin il n'est pas moins important de remarquer les efforts que le commissaire du gouvernement a faits pour engager le Conseil colonial à voter le traitement des délégués au budget comme une dépense annuelle. La lettre du gouverneur au président du Conseil avait le même objet, et les explications qui ont été données à cette occasion ont fait connaître que c'était bien par cette voie que le ministre voulait réduire le traitement des délégués au *maximum* de 25,000 fr., frais de bureau compris.

Nous avions donc raison de ne pas regarder la lettre du 6 août comme une décision contre laquelle il y eût lieu de se pourvoir, puisqu'en disant : *Les Conseils coloniaux seront informés,* etc. (1), c'était le droit des Conseils coloniaux qui était menacé de recevoir une atteinte, et non les intérêts de la délégation; tandis que, par l'application directe de la doctrine ministérielle au traitement des délégués, pour janvier 1846 et les mois suivants, malgré la fermeté du Conseil dans la défense et l'exercice de ses droits, les intérêts de la délégation se trouvaient réellement lésés, en violation manifeste de la loi; et c'est cette violation contre laquelle nous avons dû nous pourvoir, ayant alors qualité pour le faire.

Après ces explications, qui seront les dernières, nous n'avons plus qu'à attendre avec confiance la décision du Conseil d'état.

DEJEAN DE LA BATIE.

(1) Page 3 du Mémoire.